本书出版幸承2015年西北民族大学学术著作专项经费资助

羽毛球运动与训练

焦玉娥　张　骞　麻安莉　编著

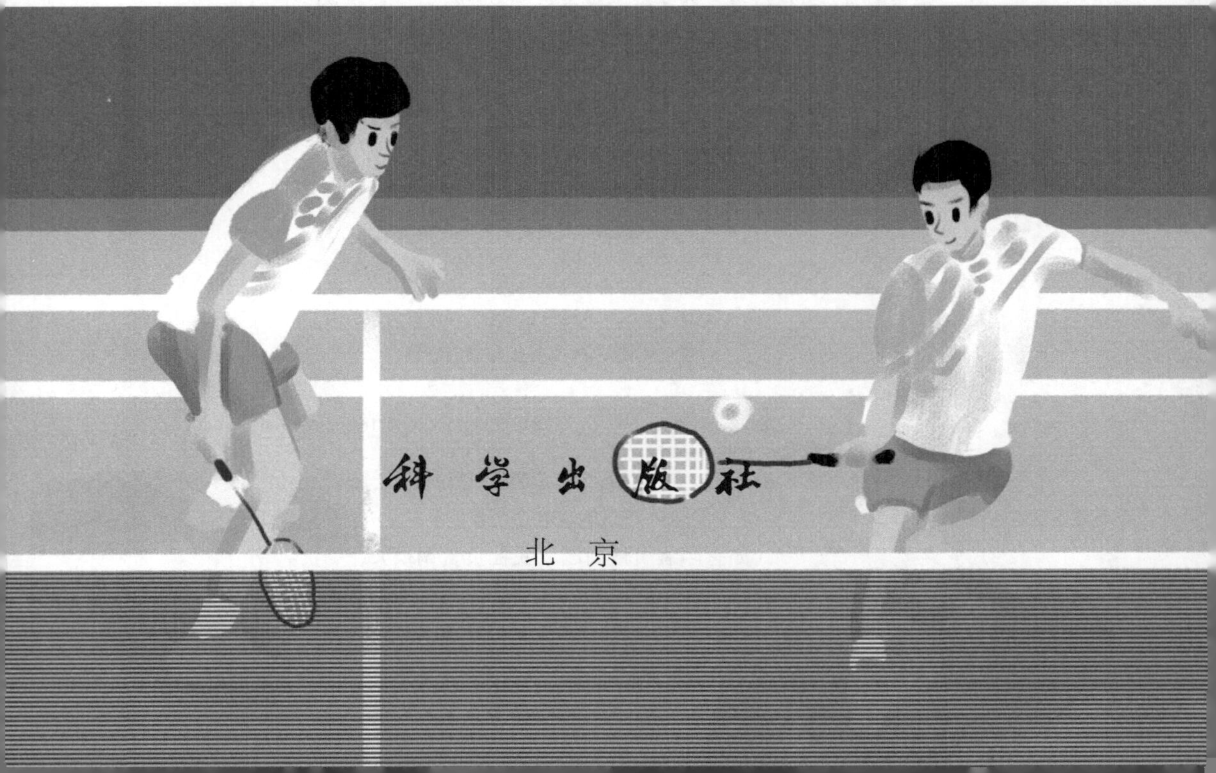

科学出版社
北　京

内 容 简 介

本书依据普通高等学校体育课与训练队学习训练内容和要求，针对目前高等学校羽毛球教学与训练的实际情况，结合羽毛球运动自身特点，遵循羽毛球运动技能形成规律组织编写。全书共分为五章，内容涉及羽毛球运动概述、羽毛球运动的基本手法与训练法、羽毛球运动的基本步法与训练法、羽毛球运动的战术与训练法、羽毛球运动专项身体素质及练习方法等方面。重点介绍了羽毛球基本手法和基本步法的训练方法及训练中容易出现的错误动作，并提出羽毛球学习中应注意的问题及纠正相应错误动作的练习方法。

本书可作为普通高等院校羽毛球选修课教材，也可供业余羽毛球运动教练员和羽毛球运动爱好者等人员参阅。

图书在版编目（CIP）数据

羽毛球运动与训练 / 焦玉娥，张骞，麻安莉编著．—北京：科学出版社，2020.6

ISBN 978-7-03-064844-0

Ⅰ.①羽…　Ⅱ.①焦…　②张…　③麻…　Ⅲ.①羽毛球运动-运动训练-高等学校-教材　Ⅳ.①G847.2

中国版本图书馆CIP数据核字（2020）第064262号

责任编辑：孙文影　高丽丽 / 责任校对：彭珍珍

责任印制：赵　博 / 封面设计：铭轩堂

科学出版社 出版

北京东黄城根北街 16 号

邮政编码：100717

http://www.sciencep.com

北京市金木堂数码科技有限公司印刷

科学出版社发行　各地新华书店经销

*

2020 年 6 月第　一　版　开本：720×1000　1/16

2025 年 1 月第六次印刷　印张：12 3/4

字数：220 000

定价：88.00 元

（如有印装质量问题，我社负责调换）

羽毛球基本术语

准备

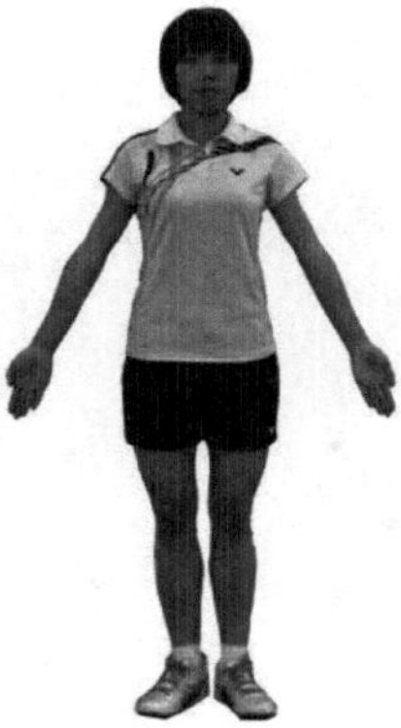
外旋

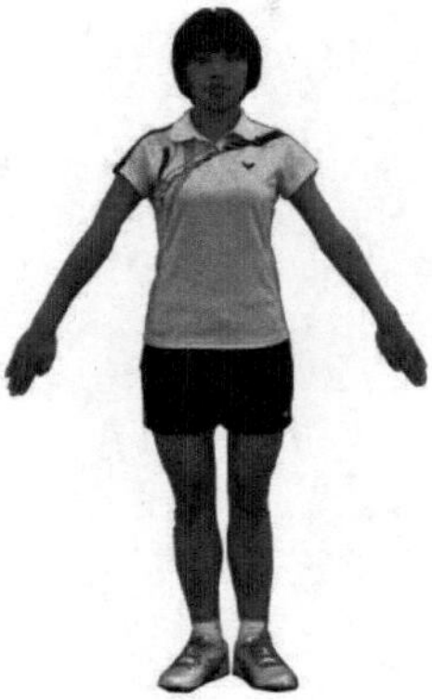
内旋

前屈

后伸

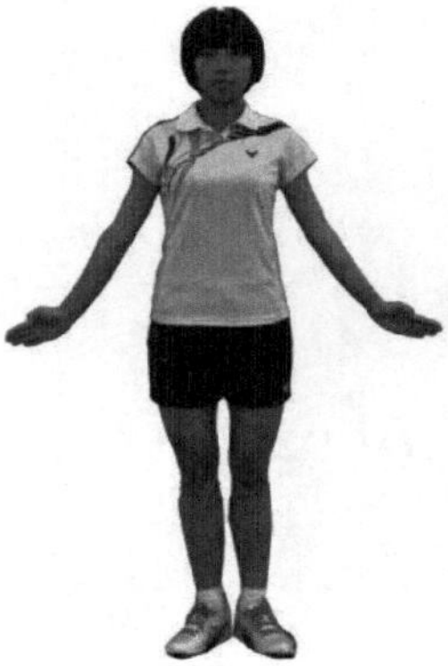
外展

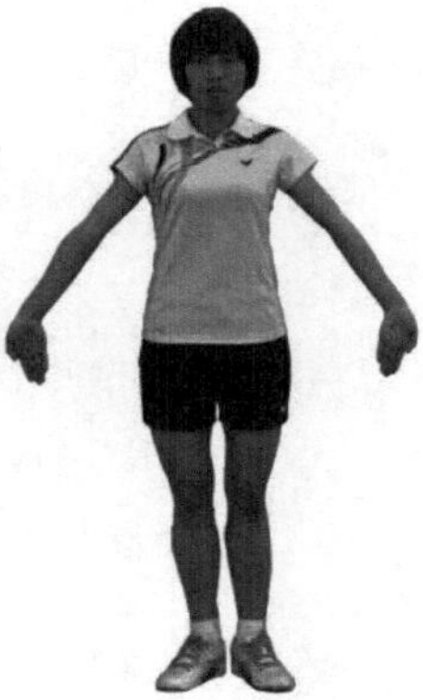
内收

图例

▲、△、㊚、㊛	运动员、练习者
×	司线员
	右脚
	左脚
- - - - - - - →	步法移动路线
————————→	羽毛球飞行路线
· — · — · — ->	击球后取位路线

前　　言

本书有着浓郁的训练教学味道。原因很简单：我在高校从事专业体育和公共体育课程的教学工作已经有35个年头了，其中针对体育专业本、硕学生的羽毛球专项教学训练也超过了15年。另外，我作为亚洲B级羽毛球裁判，多次参加国内、国际羽毛球赛事的裁判工作，对羽毛球运动的发展趋势和技术特点有一定了解，也有近距离接触的条件。在羽毛球运动的教学和训练工作中，经常涌出将自己多年的体会和经验形成一本较为系统的读物，让各类羽毛球爱好者和羽毛球运动专项人员的运动训练有所依托的想法。在借鉴诸多从事该项目训练的专家经验的基础上，我梳理了自己多年从事羽毛球教学训练积累的方法，动手使之跃然纸上，以完成多年萦绕在怀的心愿。全书正文共分五章。第一章为“羽毛球运动概述”，是关于羽毛球运动起源、沿革和现状的基本知识和关于国内羽毛球运动发展轨迹的介绍，也罗列了国际、国内羽毛球运动的主要赛事。第二章为“羽毛球运动的基本手法与训练法”；第三章为“羽毛球运动的基本步法与训练法”；第四章为“羽毛球运动的战术与训练法”；第五章为“羽毛球运动专项身体素质及练习方法”，其核心词是技术、步法、站位、战术和体能素质训练，是本书的核心章节。在第二章至第五章的内容中，配了大量由专业人员演示的图片，力求规范、准确地呈现羽毛球技术动作的要领。附录部分为中国羽毛球协会审定的2017版羽毛球竞赛规则，包含规则、对技术官员的建议、技术官员规范术语以及羽毛球比赛通用规程，旨在为竞赛组织者提供竞赛工作指导。

由于第一章和附录内容的不可或缺，为了保证这些内容的准确性，故写作时借助了文献查阅和规则录用。尽管第二章至第五章的原创性较高，但出于对历史文献的尊重，对知识产权的尊重，本书的撰写标识性质自定为“编著”，希望各位专家学者对书中的不妥之处和未尽之意给予指正，也希望本书能对各类羽毛球爱好者和羽毛球运动专项人员的运动和训练有所帮助。

2019年8月15日于兰州

目　　录

第一章

羽毛球运动概述

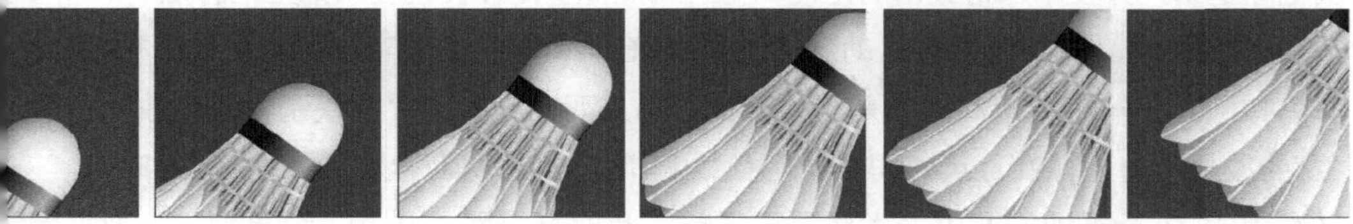

第一节　现代羽毛球运动的起源与发展

据资料记载，现代羽毛球运动起源于印度，形成于英国。19 世纪中叶，印度的普那城内有一种类似于今天羽毛球活动的游戏十分普遍，它是以绒线编织成球形，插上羽毛，人们手持木拍，隔网将球在空中来回对击。19 世纪 60 年代，一批退役的英国军官把这种称为“普那游戏”（poona game）的运动带回英国，作为茶余饭后的消遣娱乐。1870 年，英国出现了用羽毛、软木做成的球和穿弦的球拍。1873 年，英国公爵鲍费特在格拉斯哥郡伯明顿镇的庄园举行了一次羽毛球游戏表演，由于游戏极具趣味，很快就风行开来，从此这项运动便迅速传遍英国各地。随着游戏规则水平的不断提高，技术也日益成熟，现代羽毛球运动诞生了，伯明顿也就成了现代羽毛球的名称。

19 世纪 90 年代是现代羽毛球运动发展史上十分重要的时期。1877 年，第一部关于羽毛球比赛规则的书在英国出版。1891 年，世界上第一个羽毛球俱乐部诞生于英国南部，从当时拍摄的照片看，运动员大都是英国的绅士，但不到十年，羽毛球运动就成了一项大众喜闻乐见的运动。1893 年，在英国成立了世界上第一个羽毛球协会。1899 年，该协会举办了第一届“全英羽毛球锦标赛”，羽毛球运动从此越出英国走向世界，每年举办一次，沿袭至今。1934 年，国际羽毛球联合会（简称“国际羽联”）成立，总部设在伦敦。1939 年，由国际羽联制定了会员国共同遵守的《羽毛球竞赛规则》。2006年9月24日，国际羽联正式改名为现如今的羽毛球世界联合会（简称“世界羽联”）。

20世纪上半叶是欧美称雄世界羽坛的时代。美国、加拿大和丹麦等一些欧美国家在20世纪初先后开展了这项运动，技术水平很快有了进步。纵观这一时期的羽毛球运动，其技术风格突出的是慢和稳的特点，多是以慢拉慢吊为主的打法。

与此同时，亚洲羽毛球运动逐渐发展起来。20世纪40年代末至50年代初，率先打破欧美一统天下局面的是马来西亚。马来西亚当时以“以快制慢，以攻为主”的技战术特点，在连续夺得第一、第二和第三届汤姆斯杯羽毛赛冠军的同时，又在1950年全英锦标赛中一举获得男子单打和双打冠军。从此，世界羽坛上亚洲运动员称雄的时代开始了。20世纪50年代后期，印度尼西亚羽毛球运动异军突起，在广泛借鉴亚欧羽毛球强国的先进羽毛球技术的基础上，加快击球的速度和加强控制球的落点，在稳、准的前提下发展快速进攻。印度尼西亚在第4届汤姆斯杯赛中一举击败马来西亚获得冠军，此后又连续获得第5和第6届汤姆斯杯赛的冠军，创造了汤姆斯杯史上第2个三连冠纪录。1958—1979年，在前后8届汤姆斯杯赛中印度尼西亚共夺得7次冠军。1994—2002年，印度尼西亚获得汤姆斯杯五连冠。

自20世纪60年代中期，中国羽毛球运动开始走向世界。中国羽毛球运动员在吸收亚欧强手的先进技战术的基础上，着重在基本手法、步法上进行大胆的改革，创造出一整套独特的训练方法。在“快、狠、准、活”的技术风格和“以我为主、以攻为主、以快为主”比赛风格的指导下，曾在双打比赛中两度击败世界冠军印度尼西亚队，并横扫北欧的劲旅丹麦队和瑞典队等强队。由于当时中国未能加入国际羽联，不能参加正式的世界羽毛球比赛。这个时期，中国羽毛球队被誉为世界羽毛球运动史上的“无冕之王”。

1981年中国成为国际羽联的正式会员后，占据世界羽毛球优势地位的是亚洲运动员。男子以中国、印度尼西亚、韩国和马来西亚为龙头，女子以中国、印度尼西亚、韩国和日本为首，几乎垄断了汤姆斯杯、尤伯杯、苏迪曼杯和世界锦标赛等各种世界大型羽毛球比赛中的各项桂冠。在原来快攻打法的基础上，亚洲羽毛球运动员全面提高了控制、反控制的技术能力，极大地丰富了羽毛球运动的技术。

进入20世纪90年代，经过一百多年的发展，羽毛球运动正式走入了奥运会的殿堂，世界羽毛球运动迎来了又一个春天。

2006年5月6日，沿用了百年的比赛规则被修改，这是羽毛球运动划时代的变革。从1899年在英国举行第一届“全英羽毛球锦标赛”开始，《羽毛球竞赛规则》历经百余年不变，即男单、男双、女双、混双为15分，女单为11分发球得分制，这种赛制最主要的特点就是只有有发球权的一方才有得分的机会，使得比赛常常出现反复“换发球”而不能得分的现象，造成比赛时间的无谓延长，使比赛时间不确定。世界羽联出于缩短比赛时间、增强比赛观赏性、便捷媒体传播、加大广告播出空间等目的，在2006年5月6日，正式通过将羽毛球规则由原来的发球得分制改为每球得分制；比分由原来的男单、双打为15分发球得分制、女单11分发球得分制，均改为现在的21分制。虽然新赛制没有了反复轮换的“换发球”，每次发球都将有1分属于胜方运动员，比赛时间相对固定了，但是对于女单项目来讲，新赛制与其他项目相比没有了任何差别，女单运动员在34.74平方米的场地里，在新的赛制下进行激烈比赛，除了比赛时间增加之外，也大大增加了运动员的运动负荷。

第二节　中国羽毛球运动及发展

20世纪初，现代羽毛球运动由西方传入中国。传入初期，羽毛球运动主要在北京、天津、上海和广州等城市中的基督教青年会、教会学校等一些外国人较集中的地方开展，随后才慢慢在全国各地逐渐推广开来。当时这项运动的竞技水平较低，以仿效欧洲人的打法为主，速度慢且动作大，打法简单，以稳取胜。羽毛球运动真正在中国蓬勃发展是在中华人民共和国成立后，这项运动逐渐为群众喜爱，并成为我国体育运动项目中的重点项目之一。

中国羽毛球运动的起步时期是20世纪50年代，中华人民共和国成立初期，羽毛球运动尚未普及，水平低且底子薄。1954年6月，王文教、陈福寿、黄世明等一批爱国华侨代表从印度尼西亚带回代表着当时世界先进水平的羽毛球技战术，为我国羽毛球运动带来光明和希望。他们白手起家，探索出一套系统、先进的现代羽毛球训练方法，为我国羽毛球运动的普及与发展打下了坚实的基础。

1958年9月，中国羽毛球协会正式成立，标志着我国羽毛球运动新纪元的到来。在1959年的第一届全国运动会的羽毛球比赛中，全国有21省（自治区、直辖市）派选手参加了比赛，推动我国羽毛球运动逐步走向规范化和制度化。

我国羽毛球运动赶超世界先进水平时期是在20世纪60年代。20世纪50年代末60年代初，汤仙虎、侯加昌、方凯祥、陈玉娘、梁小牧等又一批爱国华侨代表从印度尼西亚回国。这批选手的归来，给我国羽毛球运动增添了新力量。他们在学习国外先进的羽毛球技战术的同时，也结合我国羽毛球选手的身体特点，摆脱了速度较慢、一味求稳、打法单一片面的现状，在基本技术和战术上进行了大胆创新，开辟了一条以快攻为主的多种打法流派的新道路。同时，在步法上进行了创新，有效地扩大了场上的移动范围，同时提高了移动速度，形成了一套独特的步法训练；在手法上也进行了大胆创新，一改过去技术动作的大而慢，在手法上注重动作的一致性和突变性，强调击球点高、出手快、动作小、爆发力强，形成了一套快速、多变、准确的基本技术训练方法。在此基础上，还贯彻了“从难、从严、从实际出发、大运动量”的训练原则。1964年7月，第一次全国羽毛球训练工作会议召开，这次会议是我国羽毛球发展史上一次十分重要的会议。会议总结了上述具有中国特色的羽毛球运动经验，明确了我国“快、狠、准、活”的技术风格，确定了“以我为主，以攻为主，以快为主”的发展方向，从而为我国羽毛球运动冲击世界最高水平奠定了理论基础。从此，我国羽毛球运动不断取得进步，形成了十分独特的羽毛球技战术风格，在双打比赛中先后多次以优势比分击败当时的世界冠军印度尼西亚队和北欧各强队，迎来了中国羽毛球运动的第一个黄金时期，赢得了国际羽坛“无冕之王”的称赞。

20世纪70年代末期以来，我国羽毛球运动逐步步入正轨，并伴随着改革开放再次走向世界。新一代羽毛球选手迅速成长，韩健、栾劲、张爱玲、韩爱萍等一批优秀选手迅速成长，完成了“新老交替”的任务，我国羽坛与国际的正常交流日益频繁。

1981年5月，国际羽联正式恢复我国的合法席位，我国羽毛球运动得到了空前的发展，几乎包揽了所有国际重大比赛的桂冠。在1981年7月于美国举办的第1届世界运动会上，我国派队参加羽毛球比赛，这是我国首次派队参加正式国际比赛，荣获5个单项比赛中的4项冠军，轰动了国际羽坛。翌年5月10日至21日，我国羽毛球男队首次参加于在英国伦敦举行的第12届汤姆斯杯决赛阶段的比赛，经过10天的激战，终于闯入决赛，并夺得了第12届汤姆斯杯的冠军，正式登上了世界男子羽毛球团体冠军的宝座。从1986年开始，中国队连续夺得第14、15和16届汤姆斯杯的冠军，创造了我国羽毛球运动史上“汤杯三连冠”的纪录。

1984年，中国女子羽毛球队首次参加尤伯杯赛就以高超的技艺和快速多变的打法，均以5∶0的比分，分别击败了印度尼西亚、日本、丹麦、韩国、英格兰等强队，一举夺得第10届尤伯杯冠军，第一次登上了世界女子羽毛球团体冠军的宝座。1986—1995年，中国女子羽毛球队又连续夺得第11、12、13和14届的冠军，创造了尤伯杯史上“五连冠”的惊人纪录，为世界女子羽毛球运动历史谱写了光辉的一页。

尤其值得一提的是，中国男、女队分别在1986年举行的汤姆斯杯、尤伯杯比赛中以3∶2的比分战胜了印度尼西亚队，创造了一个国家同时夺得代表世界团体最高水平的汤姆斯杯和尤伯杯冠军的纪录。这一时期，韩健、杨阳、赵建华、李永波、田秉毅、李玲蔚、韩爱萍、林瑛、吴迪西等选手多次夺得世界羽毛球锦标赛的冠军，在这一重大世界单项羽毛球比赛中，中国羽毛球队处于领先地位。

20世纪90年代初期，我国羽毛球队再次进入“新老交替”、起伏不定的时期。随着又一批优秀羽毛球选手的退役，我国羽毛球队的成绩再次下滑。1992年，羽毛球项目被正式列入奥运会比赛项目，而我国羽毛球健儿角逐奥运赛场却一金未得。

奥运会后，中国羽毛球队对训练体制进行了重大调整，着重在训练方法和队伍管理上进行改革，大胆起用了一批优秀年轻选手挑起教练的重担。经过几年的调整，20世纪90年代中期，中国羽毛球队再次走出低谷，涌现出了董炯、孙俊、吉新鹏、张军、夏煊泽、葛菲、顾俊、龚智超、叶剑颖、高崚等一批优秀羽毛球运动员。1995年，中国羽毛球队首次夺得第四届世界羽毛球混合团体锦标赛（苏迪曼杯）的冠军。在1996年第26届亚特兰大奥运会上，中国羽毛球健儿实现了奥运会金牌零的突破，共夺得1枚金牌、3枚银牌和2枚铜牌。2000年，在悉尼举行的第27届奥运会上，中国羽毛球队一举获得了男单、混双、女单、女双4枚金牌。2004年，在雅典举行的第28届奥运会上，中国羽毛球队获得了混双、女单、女双3枚金牌，混双组合张军/高崚蝉联奥运会混双冠军。2008年，在北京举办的第29届奥运会上，中国羽毛球队取得了男单、女单、女双3枚金牌，张宁蝉联了奥运会女单冠军。2012年，在伦敦举办的第30届奥运会上，中国羽毛球队取得了前所未有的好成绩，囊括了 5 枚金牌，林丹蝉联了奥运会男单冠军。2016 年，在里约热内卢举办的第 31 届奥运会上，中国羽毛球队取得男单冠军和男双冠军。

在实现了第一个尤伯杯五连冠后，1998—2008 年，中国女子羽毛球队再次创造了尤伯杯六连冠的辉煌成绩。这一时期又涌现出了林丹、蔡赟、傅海峰、鲍春来、陈金、张楠、谌龙、张宁、谢杏芳、王琳、杜婧、于洋、赵芸蕾、田卿、王晓理、王仪涵、李雪芮、王适娴等一批优秀运动员。在这个众花绽放的历史阶段，中国羽毛球队接连取得历史性突破，2004—2012 年汤姆斯杯五连冠、2005—2011 年苏迪曼杯六连冠、2012—2016 年世界羽毛球女子团体锦标赛三连冠。历史在前进，时代在进步，在前辈的带领下，中国羽毛球队涌现出一批又一批优秀运动员，陈金、杜鹏宇、石宇奇、李俊慧、刘雨辰、郑思维、王懿律、田厚威、洪炜、柴飚、刘小龙、邱子翰、刘成、王琳、骆赢、骆羽、陈雨菲、陈清晨、贾一凡、黄雅琼、黄东萍、何冰娇等优秀运动员应运而生，接过羽毛球运动的大旗，继续奋战在世界羽坛，创造了一个又一个傲人的成绩。中国羽毛球队在国际比赛中取得优异成绩，不仅弘扬了我国国威，还促进了世界羽毛球运动的发展，同时更带动了全国性的羽毛球运动热潮，2014 年开展的“谁是球王”争霸赛，覆盖面广，参加人数空前，使羽毛球这一小球成为继乒乓球以后我国的又一“国球”。

第三节　世界羽毛球主要赛事

当前，世界上各类羽毛球赛事繁多，其中主要赛事有下列几种。

一、汤姆斯杯世界羽毛球男子团体锦标赛

汤姆斯杯是世界羽毛球男子团体最高荣誉的比赛，因英国著名羽毛球运动员汤姆斯捐赠而得名。1934 年国际羽联成立时，汤姆斯被推选为第一任主席。1939 年，汤姆斯捐资制作了一座奖杯，作为世界羽毛球男子团体锦标赛的流动奖杯，哪个国家获得冠军，就在这个奖杯上刻上这个国家的名字，奖杯就存放在这个国家直至下届比赛。因受第二次世界大战的影响，直至 1948 年才举行了第

一届比赛，之后每三年举行一次，每个团体赛由五场单打、四场双打共九场组成，比赛分两天进行。从 1984 年起该赛事改为每逢双数年举行，将九场比赛制改为五场制（三场单打、两场双打），并在一节时间内进行。

1948—2018 年，汤姆斯杯赛已举办了 30 届，前 27 届冠军杯一直在亚洲的马来西亚、印度尼西亚和中国队之间流动。马来西亚获得第 1、2、3、7、17 届冠军，共 5 次；印度尼西亚获得第 4、5、6、8、9、10、11、13、18、19、20、21、22 届冠军，共 13 次，印度尼西亚是汤姆斯杯史上的第一个获得五连冠的国家。中国队从 1982 年第 12 届汤姆斯杯赛开始参加比赛，曾获得第 12、14、15 和 16 届冠军，2004 年的第 23 届汤姆斯杯赛，中国队时隔 12 年重夺冠军。阔别了 12 年的汤姆斯杯又重新回到了中国的怀抱，并实现了第 23 ～ 27 届的五连冠。2014 年第 28 届汤姆斯杯的冠军被亚洲另一个羽毛球强队——日本队获得。2016 年第 29 届汤姆斯杯出现了历史性的变化，丹麦获得冠军，这是欧洲首次获得冠军。2018 年第 30 届汤姆斯杯赛，中国队重夺冠军。

历届汤姆斯杯赛冠军归属见表 1-1。

表 1-1　历届汤姆斯杯赛冠军归属表

届别	年份	地点	冠军
1	1948	普雷斯顿（英国）	马来西亚
2	1951	新加坡	马来西亚
3	1954	新加坡	马来西亚
4	1957	新加坡	印度尼西亚
5	1960	雅加达（印度尼西亚）	印度尼西亚
6	1963	东京（日本）	印度尼西亚
7	1966	雅加达（印度尼西亚）	马来西亚
8	1969	吉隆坡（马来西亚）	印度尼西亚
9	1972	雅加达（印度尼西亚）	印度尼西亚
10	1975	曼谷（泰国）	印度尼西亚
11	1978	雅加达（印度尼西亚）	印度尼西亚
12	1982	伦敦（英国）	中国
13	1984	吉隆坡（马来西亚）	印度尼西亚
14	1986	雅加达（印度尼西亚）	中国
15	1988	吉隆坡（马来西亚）	中国
16	1990	东京（日本）	中国
17	1992	吉隆坡（马来西亚）	马来西亚

续表

届别	年份	地点	冠军
18	1994	雅加达（印度尼西亚）	印度尼西亚
19	1996	香港（中国）	印度尼西亚
20	1998	香港（中国）	印度尼西亚
21	2000	吉隆坡（马来西亚）	印度尼西亚
22	2002	广州（中国）	印度尼西亚
23	2004	雅加达（印度尼西亚）	中国
24	2006	东京（日本）	中国
25	2008	雅加达（印度尼西亚）	中国
26	2010	吉隆坡（马来西亚）	中国
27	2012	武汉（中国）	中国
28	2014	新德里（印度）	日本
29	2016	昆山（中国）	丹麦
30	2018	曼谷（泰国）	中国

二、尤伯杯世界羽毛球女子团体锦标赛

尤伯杯是世界羽毛球女子团体最高荣誉的比赛，因英国著名羽毛球运动员贝蒂·尤伯夫人捐赠而得名。1956 年举行了第一届比赛，每个团体赛由三场单打和四场双打组成。从 1984 年第 10 届比赛开始，尤伯杯与汤姆斯杯同时、同地举行，比赛方法也相同。

1956—2018 年，尤伯杯赛举办了 27 届。除了美国队在前三届获得三连冠外，自 1965 年的第 4 届起，尤伯杯就一直留在了亚洲。其中，日本获得第 4、5、6、8、9、27 届共 6 次冠军，印度尼西亚队获得第 7、15、16 届共 3 次冠军，中国队自 1984 年参加第 10 届尤伯杯赛开始，战绩最佳，共获得 14 次冠军，获得了第 10、11、12、13、14 届的五连冠，成为尤伯杯史上的第一个五连冠。1998 年的第 17 届尤伯杯赛，中国女队又将阔别 4 年的尤伯杯从印度尼西亚队手中夺回，并在第 17、18、19、20、21、22 届蝉联六届冠军，成为尤伯杯史上的第一个六连冠。2010 年第 23 届尤伯杯赛，韩国首次获得冠军，也阻止了中国队七连冠的梦想的实现。2012 年第 24 届尤伯杯赛中，中国队又将尤伯杯夺回，并在第 25、26 届尤伯杯赛中获得冠军。2018 年第 27 届尤伯杯赛中日本队获得冠军。

历届尤伯杯赛冠军归属见表 1-2。

表 1-2　历届尤伯杯赛冠军归属表

届别	年份	地点	冠军
1	1956	圣安尼斯（英国）	美国
2	1959	费城（美国）	美国
3	1962	威尔明顿（美国）	美国
4	1965	惠灵顿（新西兰）	日本
5	1968	东京（日本）	日本
6	1971	东京（日本）	日本
7	1974	雅加达（印度尼西亚）	印度尼西亚
8	1977	奥克兰（新西兰）	日本
9	1980	东京（日本）	日本
10	1984	吉隆坡（马来西亚）	中国
11	1986	雅加达（印度尼西亚）	中国
12	1988	吉隆坡（马来西亚）	中国
13	1990	东京和名古屋（日本）	中国
14	1992	吉隆坡（马来西亚）	中国
15	1994	雅加达（印度尼西亚）	印度尼西亚
16	1996	香港（中国）	印度尼西亚
17	1998	香港（中国）	中国
18	2000	吉隆坡（马来西亚）	中国
19	2002	广州（中国）	中国
20	2004	雅加达（印度尼西亚）	中国
21	2006	东京（日本）	中国
22	2008	雅加达（印度尼西亚）	中国
23	2010	吉隆坡（马来西亚）	韩国
24	2012	武汉（中国）	中国
25	2014	新德里（印度）	中国
26	2016	昆山（中国）	中国
27	2018	曼谷（泰国）	日本

三、苏迪曼杯世界羽毛球混合团体锦标赛

苏迪曼杯是世界羽毛球混合团体最高荣誉的比赛，是一项检验各国和地区羽毛球运动整体水平的赛事。此杯由印度尼西亚羽毛球协会捐赠给原国际羽联（现更名为世界羽联），为纪念印度尼西亚羽毛球协会前主席苏迪曼先生对羽毛球事业做出的贡献，原国际羽联将世界羽毛球混合团体锦标赛奖杯命名为“苏迪曼杯”。苏迪曼杯赛与汤姆斯杯赛和尤伯杯赛同为原国际羽联主办的三大羽毛球团

体赛事。1989 年举行第一届苏迪曼杯赛，与世界羽毛球锦标赛在单数年同时同地举行。苏迪曼杯赛采取五局三胜制，分别进行男子单打、女子单打、男子双打、女子双打和混合双打五个单项比赛。2002 年，国际羽联决定将苏迪曼杯赛与世界羽毛球锦标赛分开举办。

1989—2019 年，苏迪曼杯赛举行了 16 届。首届冠军为印度尼西亚队获得，第 2、3、8、15 届冠军是韩国队，其余的 11 届，即第 4、5、6、7、9、10、11、12、13、14、16 届冠军均被中国队获得。这也充分说明中国羽毛球队的整体水平居世界之首。2017 年第 15 届苏迪曼杯，韩国队获得冠军。2019 年第 16 届苏迪曼杯，中国队重夺冠军。

历届苏迪曼杯赛冠军归属见表 1-3。

表 1-3　历届苏迪曼杯赛冠军归属表

届别	年份	地点	冠军
1	1989	雅加达（印度尼西亚）	印度尼西亚
2	1991	哥本哈根（丹麦）	韩国
3	1993	伯明翰（英国）	韩国
4	1996	洛桑（瑞士）	中国
5	1997	格拉斯哥（苏格兰）	中国
6	1999	哥本哈根（丹麦）	中国
7	2001	塞维利亚（西班牙）	中国
8	2003	埃因霍温（荷兰）	韩国
9	2005	北京（中国）	中国
10	2007	格拉斯哥（苏格兰）	中国
11	2009	广州（中国）	中国
12	2011	青岛（中国）	中国
13	2013	吉隆坡（马来西亚）	中国
14	2015	东莞（中国）	中国
15	2017	黄金海岸（澳大利亚）	韩国
16	2019	南宁（中国）	中国

四、世界羽毛球锦标赛

世界羽毛球锦标赛是原国际羽联在继汤姆斯杯赛、尤伯杯赛和苏迪曼杯赛后，为了适应世界羽毛球运动日益发展的需要而设立的一种以个人单项为竞赛项目的羽毛球锦标赛。此项赛事只进行男子单打、女子单打、男子双打、女子双打和混合双打五个单项的比赛。所有项目的冠军都将获得金牌，亚军得银牌，半决赛的负者得铜牌。1977 年，在瑞典的马尔默举行了首届比赛，1980 年、1983 年和 1985 年举行了第 2、3 和 4 届比赛，从 1989 年起每逢单数年与新设立的苏迪曼杯同时同地举行。2002 年国际羽联决定将这两个比赛分开举行，2005 年又将世界羽毛球锦标赛改为每年举行一次，成为世界羽联竞赛日程表上一年一次的赛事，其主要目的在于给参与的运动员更多机会去赢得官方的“世界冠军”称号，但每逢奥运会举办的年份世界羽毛球锦标赛不举办，以便为奥运会羽毛球比赛让路。

至 2017 年，世界羽毛球锦标赛共举办了 25 届，在举行过的比赛中，亚洲选手成绩突出，取得了大部分冠军，特别是在 1987 年第 5 届比赛、2010 年的第 18 届比赛和 2011 年的第 19 届比赛中，中国选手均夺得全部冠军。

历届世界羽毛球锦标赛冠军归属见表 1-4。

表 1-4　历届世界羽毛球锦标赛冠军归属表

届别	年份	地点	男子单打	女子单打	男子双打	女子双打	混合双打
1	1977	马尔默（瑞典）	德尔夫斯（丹麦）	科彭（丹麦）	梁春生 / 洪跃龙（印度尼西亚）	梅野尾悦子 / 上野惠美子（日本）	斯科夫加尔德 / 科彭（丹麦）
2	1980	雅加达（印度尼西亚）	梁海量（印度尼西亚）	维拉瓦蒂（印度尼西亚）	纪明发 / 张鑫源（印度尼西亚）	佩里 / 韦伯斯特（英国）	纪明发 / 黄祖金（印度尼西亚）
3	1983	哥本哈很（丹麦）	苏吉亚托（印度尼西亚）	李玲蔚（中国）	弗拉特伯格 / 希里迪（丹麦）	吴迪西 / 林瑛（中国）	吉尔斯特罗姆 / 佩里（瑞典 / 英格兰）
4	1985	卡尔加里（加拿大）	韩健（中国）	韩爱萍（中国）	朴柱奉 / 金文秀（韩国）	韩爱萍 / 李玲蔚（中国）	朴柱奉 / 柳尚希（韩国）
5	1987	北京（中国）	杨阳（中国）	韩爱萍（中国）	李永波 / 田秉毅（中国）	林瑛 / 关渭贞（中国）	王朋仁 / 史方静（中国）
6	1989	雅加达（印度尼西亚）	杨阳（中国）	李玲蔚（中国）	李永波 / 田秉毅（中国）	林瑛 / 关渭贞（中国）	朴柱奉 / 郑明熙（韩国）
7	1991	哥本哈根（丹麦）	赵剑华（中国）	唐九红（中国）	朴柱奉 / 金文秀（韩国）	关渭贞 / 农群华（中国）	朴柱奉 / 郑明熙（韩国）
8	1993	伯明翰（英国）	佐戈（印度尼西亚）	王莲香（印度尼西亚）	郭宏源 / 苏巴吉亚（印度尼西亚）	周雷 / 农群华（中国）	伦德 / 本特松（丹麦 / 瑞典）
9	1995	洛桑（瑞士）	阿尔比（印度尼西亚）	叶剑颖（中国）	迈纳基 / 苏巴吉亚（印度尼西亚）	吉永雅 / 张惠玉（韩国）	伦德 / 托姆森（丹麦）

续表

届别	年份	地点	男子单打	女子单打	男子双打	女子双打	混合双打
10	1997	格拉斯哥（英国）	拉斯姆森（丹麦）	叶剑颖（中国）	西吉特 / 陈甲亮（印度尼西亚）	葛菲 / 顾俊（中国）	刘永 / 葛菲（中国）
11	1999	哥本哈根（丹麦）	孙俊（中国）	马尔廷（丹麦）	河泰权 / 金东文（韩国）	葛菲 / 顾俊（中国）	金东文 / 罗景民（韩国）
12	2001	塞维利亚（西班牙）	叶诚万（印度尼西亚）	龚睿娜（中国）	吴俊明 / 哈林（印度尼西亚）	高崚 / 黄穗（中国）	张军 / 高崚（中国）
13	2003	伯明翰（英国）	夏煊泽（中国）	张宁（中国）	帕斯克 / 拉斯姆森（丹麦）	高崚 / 黄穗（中国）	金东文 / 罗景民（韩国）
14	2005	阿纳海姆（美国）	陶菲克（印度尼西亚）	谢杏芳（中国）	吴俊明 / 白国豪（美国）	杨维 / 张洁雯（中国）	维迪安托 / 纳西尔（印度尼西亚）
15	2006	马德里（西班牙）	林丹（中国）	谢杏芳（中国）	蔡赟 / 傅海峰（中国）	高崚 / 黄穗（中国）	罗布森 / 埃姆斯（英国）
16	2007	吉隆坡（马来西亚）	林丹（中国）	朱琳（中国）	马基斯 / 亨德拉（印度尼西亚）	杨维 / 张洁雯（中国）	维迪安托 / 纳西尔（印度尼西亚）
17	2009	海德拉巴（印度）	林丹（中国）	卢兰（中国）	蔡赟 / 傅海峰（中国）	张亚雯 / 赵婷婷（中国）	雷伯恩 / 莱特（丹麦）
18	2010	巴黎（法国）	陈金（中国）	王琳（中国）	蔡赟 / 傅海峰（中国）	杜婧 / 于洋（中国）	马晋 / 郑波（中国）
19	2011	伦敦（英国）	林丹（中国）	王仪涵（中国）	蔡赟 / 傅海峰（中国）	于洋 / 王晓理（中国）	张楠 / 赵芸蕾（中国）
20	2013	广州（中国）	林丹（中国）	拉特查诺（泰国）	阿山 / 塞蒂亚（印度尼西亚）	于洋 / 王晓理（中国）	阿玛德 / 纳西尔（印度尼西亚）
21	2014	哥本哈根（丹麦）	谌龙（中国）	马林（西班牙）	高成炫 / 申白喆（韩国）	田卿 / 赵芸蕾（中国）	张楠 / 赵芸蕾（中国）
22	2015	雅加达（印度尼西亚）	谌龙（中国）	马林（西班牙）	阿山 / 塞蒂亚万（印度尼西亚）	田卿 / 赵芸蕾（中国）	张楠 / 赵芸蕾（中国）
23	2017	格拉斯哥（英国）	阿塞尔森（丹麦）	奥原希望（日本）	刘成 / 张楠（中国）	陈清晨 / 贾一凡（中国）	阿马德 / 纳西尔（印度尼西亚）
24	2018	南京（中国）	桃田贤斗（日本）	马林（西班牙）	李俊慧 / 刘雨辰（中国）	松本麻佑 / 永原和可那（日本）	郑思维 / 黄雅琼（中国）
25	2019	巴塞尔（瑞士）	桃田贤斗（日本）	辛杜（印度）	阿山 / 塞蒂亚万（印度）	松本麻佑 / 永原和可那（日本）	郑思维 / 黄雅琼（中国）

五、奥运会羽毛球比赛

奥运会全称为奥林匹克运动会。奥运会羽毛球比赛是世界上最受瞩目的一项羽毛球大赛，是当今世界羽毛球运动最高水平的赛事。国际羽联在 1970 年就着手准备进入奥运会的工作，直至 1985 年 6 月 5 日，国际奥林匹克委员会第 90 次会议才决定将羽毛球列为奥运会的正式比赛项目。在 1988 年汉城奥运会上，羽毛球运动被列为表演赛并取得成功。1992 年第 25 届巴塞罗那奥运会将羽毛球运动正式列为比赛项目，羽毛球运动终于进入了奥运大家庭。在巴塞罗那奥运会上，羽毛球项目设立男子单打、女子单打、男子双打和女子双打四个项目。1996 年第 26 届亚特兰大奥运会增设羽毛球混合双打比赛项目。由于羽毛球项目拥有 5 枚金牌，从而加入了奥运会奖牌大户之列，也成为各国高度重视和激烈争夺的焦点项目之一。

从 1992 年的第 25 届奥运会到 2016 年的第 31 届奥运会，羽毛球运动在奥运会大家庭中共举办了 7 届比赛，纵观这 7 届奥运会羽毛球比赛的成绩，中国运动员从第 25 届一金未得，第 26 届实现零的突破，再到 2012 年第 30 届奥运羽毛球比赛全部囊括五个单项金牌，彰显出了中国运动员的实力与辉煌。但在 2016 年的里约热内卢奥运会上，中国只取得了两枚金牌，我们占绝对优势项目、连获 5 届冠军的女双在这次比赛中却未获奖牌，值得反思。

历届奥运会羽毛球比赛冠军见表 1-5。

表 1-5 历届奥运会羽毛球比赛冠军

届别	时间	地点	男单	女单	男双	女双	混双
25	1992	巴塞罗那（西班牙）	魏仁芳（印度尼西亚）	王莲香（印度尼西亚）	朴柱奉 / 金文秀（韩国）	郑素英 / 黄惠英（韩国）	未设
26	1996	亚特兰大（美国）	拉尔森（丹麦）	方铢贤（韩国）	苏巴吉亚 / 迈纳基（印度尼西亚）	葛菲 / 顾俊（中国）	金东文 / 吉永雅（韩国）
27	2000	悉尼（澳大利亚）	吉新鹏（中国）	龚智超（中国）	吴俊明 / 陈甲亮（印度尼西亚）	葛菲 / 顾俊（中国）	高崚 / 张军（中国）
28	2004	雅典（希腊）	陶菲克（印度尼西亚）	张宁（中国）	金东文 / 河泰权（韩国）	张洁雯 / 杨维（中国）	高崚 / 张军（中国）
29	2008	北京（中国）	林丹（中国）	张宁（中国）	马基斯 / 亨德拉（印度尼西亚）	于洋 / 杜婧（中国）	李龙大 / 李孝贞（韩国）
30	2012	伦敦（英国）	林丹（中国）	李雪芮（中国）	蔡赟 / 傅海峰（中国）	田卿 / 赵芸蕾（中国）	张楠 / 赵芸蕾（中国）
31	2016	里约热内卢（巴西）	谌龙（中国）	马林（西班牙）	张楠 / 傅海峰（中国）	松友美佐纪 / 高桥礼华（日本）	阿玛德 / 纳西尔（印度尼西亚）

六、青奥会羽毛球比赛

青年奥林匹克运动会（简称“青奥会”）是国际奥林匹克委员会专门为14～18岁青年人设计的综合运动会，是在时任国际奥林匹克委员会主席罗格的倡议下，国际奥林匹克委员会于2007年决定创办的。大部分比赛项目与奥运会相同，竞技、教育、文化交流并重，在比赛中更注重为青少年运动员树立健康的体育价值观、培养综合素质。2010年在新加坡举办了第一届青奥会，羽毛球被列入青奥会比赛项目，设男子单打和女子单打。2014年在中国南京成功举办了第二届青奥会，羽毛球设男子单打、女子单打和混合双打3个项目的比赛。2018年，在阿根廷布宜诺斯艾利斯成功举办了第3届青奥会，羽毛球设男子单打和女子单打两个项目的比赛。

历届青奥会羽毛球比赛冠军得主见表1-6。

表1-6　历届青奥会羽毛球比赛冠军

届别	年份	举办地	男单	女单	混双
1	2010	新加坡市（新加坡）	波查拉特（泰国）	波希莉（泰国）	—
2	2014	南京（中国）	石宇奇（中国）	何冰娇（中国）	占俊伟 / 吴芷柔（马来西亚）/（中国香港）
3	2018	布宜诺斯艾利斯（阿根廷）	李诗沣（中国）	吴堇溦（马来西亚）	—

七、亚运会羽毛球比赛

“亚运会”全称为亚洲运动会，是亚洲地区规模最大的综合性运动会，每四年举办一届，与奥运会相间举行。最初由亚洲运动会联合会主办，1982年后由亚洲奥林匹克理事会（Olympic Council of Asia）主办。1962年第4届亚运会在印度尼西亚雅加达举行，羽毛球是印度尼西亚的强项，被列为正式比赛项目，设立的项目有男子团体、女子团体、男子单打、女子单打、男子双打、女子双打、混合双打。自此历界亚运会均设立羽毛球比赛项目。历届亚运会羽毛球比赛冠军见表1-7。

表 1-7 历届亚运会羽毛球比赛冠军

届别	年份	地点	男团	女团	男单	女单	男双	女双	混双
4	1962	雅加达（印度尼西亚）	印度尼西亚	印度尼西亚	陈有福（印度尼西亚）	敏纳妮（印度尼西亚）	陈贻权 / 伍文美（马来西亚）	敏纳妮 / 古斯蒂加赫（印度尼西亚）	—
5	1966	曼谷（泰国）	泰国	日本	翁振祥（印度尼西亚）	高木纪子（日本）	陈贻权 / 伍文美（马来西亚）	敏纳妮 / 鲁丝蒂亚（印度尼西亚）	陈新霞 / 郑求西（马来西亚）
6	1970	曼谷（泰国）	印度尼西亚	日本	古纳兰（马来西亚）	汤木博江（日本）	伍文美 / 古纳兰（马来西亚）	相泽子 / 竹中悦子（日本）	伍文美 / 黄妙英（马来西亚）
7	1974	德黑兰（伊朗）	中国	中国	侯加昌（中国）	陈玉娘（中国）	宗宗 / 瓦尤迪（印度尼西亚）	梁秋霞 / 郑惠明（中国）	克里斯蒂安 / 马斯莉（印度尼西亚）
8	1978	曼谷（泰国）	印度尼西亚	中国	林水镜（印度尼西亚）	刘霞（中国）	克里斯蒂安 / 钱德拉（印度尼西亚）	维哈约 / 维戈埃诺（印度尼西亚）	汤仙虎 / 张爱玲（中国）
9	1982	新德里（印度）	中国	中国	韩健（中国）	张爱玲（中国）	克里斯蒂安 / 钱德拉（印度尼西亚）	黄顺爱 / 姜亨秀（韩国）	伊凡 / 克里斯蒂安（印度尼西亚）
10	1986	汉城（韩国）	韩国	中国	赵剑华（中国）	韩爱萍（中国）	朴柱奉 / 金文秀（韩国）	林瑛 / 关渭贞（中国）	朴柱奉 / 郑明熙（韩国）
11	1990	北京（中国）	中国	中国	赵剑华（中国）	唐九红（中国）	李永波 / 田秉毅（中国）	关渭贞 / 农群华（中国）	朴柱奉 / 郑明熙（韩国）
12	1994	广岛（日本）	印度尼西亚	韩国	阿尔比（印度尼西亚）	方铢贤（韩国）	苏巴吉亚 / 迈纳基（印度尼西亚）	沈恩婷 / 张惠玉（韩国）	柳镛成 / 郑素英（韩国）
13	1998	曼谷（泰国）	印度尼西亚	中国	董炯（中国）	米仓加奈子（日本）	苏巴吉亚 / 迈纳基（印度尼西亚）	葛菲 / 顾俊（中国）	金东文 / 罗景民（韩国）

续表

届别	年份	地点	男团	女团	男单	女单	男双	女双	混双
14	2002	釜山（韩国）	韩国	中国	陶菲克（印度尼西亚）	周蜜（中国）	李东秀 / 柳镛成（韩国）	罗景民 / 李敬元（韩国）	金东文 / 罗景民（韩国）
15	2006	多哈（卡塔尔）	中国	中国	陶菲克（印度尼西亚）	王晨（中国香港）	古健杰 / 陈文宏（马来西亚）	高崚 / 黄穗（中国）	高崚 / 郑波（中国）
16	2010	广州（中国）	中国	中国	林丹（中国）	王适娴（中国）	马基斯 / 亨德拉（印度尼西亚）	田卿 / 赵芸蕾（中国）	李孝贞 / 申白哲（韩国）
17	2014	仁川（韩国）	韩国	中国	林丹（中国）	王仪涵（中国）	阿山 / 亨德拉（印度尼西亚）	波利 / 马赫斯瓦里（印度尼西亚）	张楠 / 赵芸蕾（中国）
18	2018	雅加达（印度尼西亚）	中国	日本	乔纳坦（印度尼西亚）	戴资颖（中国台北）	吉迪恩 / 苏卡穆约（印度尼西亚）	陈清晨 / 贾一凡（中国）	郑思维 / 黄雅琼（中国）

八、世界羽毛球系列大奖赛单项比赛

国际羽联每年组织世界羽毛球系列大奖赛，由赞助商提供比赛经费和优胜者的奖金，根据奖金的数量，比赛分为一星级至六星级不同的等级。全英羽毛球锦标赛和中国羽毛球公开赛等都属系列赛中的一站。国际羽联依据参赛选手的比赛成绩设立积分制，定期公布世界大奖赛积分排名，即作为每次比赛的种子依据，取排名最前的 16 名进行总决赛。

该项比赛的设立给世界羽毛球选手提供了更多比赛和获奖机会，促进了羽毛球运动的发展，同时也为羽毛球职业化选手的产生提供了一定的条件。

九、世界青少年羽毛球锦标赛

从 1992 年起，国际羽联开始举办世界青少年羽毛球锦标赛，比赛设 5 个单项，参赛者的年龄规定为 19 岁以下。从 1998 年开始增设世界青少年团体羽毛球锦标赛，比赛规程与苏迪曼杯赛相同。

十、亚洲羽毛球锦标赛

亚洲羽毛球锦标赛是亚洲羽毛球联合会主办的比赛，以奖励亚洲最优秀的羽毛球运动员。比赛始于1962年，从1991年开始每年举行一次。在1994年取消团体比赛前，团体和单项比赛交替举行。从1995年开始至今，比赛设5个单项。截至2019年，亚洲羽毛球锦标赛共举行了39届。2007年以来亚洲羽毛球锦标赛冠军见表1-8。

表1-8 2007—2019年亚洲羽毛球锦标赛冠军

届别	年份	地点	男子单打	女子单打	男子双打	女子双打	混合双打
27	2007	新山（马来西亚）	陶菲克（印度尼西亚）	蒋燕皎（中国）	钟腾福/李万华（马来西亚）	杨维/赵婷婷（中国）	何汉斌/于洋（中国）
28	2008	新山（马来西亚）	朴成焕（韩国）	蒋燕皎（中国）	郑在成/李龙大（韩国）	杨维/张洁雯（中国）	林培雷/玛丽莎（印度尼西亚）
29	2009	水原（韩国）	鲍春来（中国）	朱琳（中国）	马基斯/亨德拉（印度尼西亚）	马晋/王晓理（中国）	李龙大/李孝贞（韩国）
30	2010	新德里（印度）	林丹（中国）	李雪芮（中国）	曹建雨/柳延星（韩国）	田卿/潘攀（中国）	陈炳顺/吴柳莹（马来西亚）
31	2011	成都（中国）	林丹（中国）	王仪涵（中国）	蔡赟/傅海峰（中国）	于洋/王晓理（中国）	张楠/赵芸蕾（中国）
32	2012	青岛（中国）	陈金（中国）	李雪芮（中国）	金基正/金沙朗（韩国）	赵芸蕾/田卿（中国）	张楠/赵芸蕾（中国）
33	2013	台北（中国）	杜鹏宇（中国）	王仪涵（中国）	高成炫/李龙大（韩国）	王晓理/于洋（中国）	高成炫/金荷娜（韩国）
34	2014	金泉（韩国）	林丹（中国）	成池铉（韩国）	申白喆/柳延星（韩国）	骆赢/骆羽（中国）	李晋熙/周凯华（中国）
35	2015	武汉（中国）	林丹（中国）	拉差诺（泰国）	李龙大/柳延星（韩国）	马晋/唐渊渟（中国）	阿玛德/纳西尔（印度尼西亚）
36	2016	武汉（中国）	李宗伟（马来西亚）	王仪涵（中国）	李龙大/柳延星（韩国）	松友美佐纪/高桥礼华（日本）	赵芸蕾/张楠（中国）
37	2017	武汉（中国）	谌龙（中国）	戴资颖（中国台北）	李俊慧/刘雨辰（中国）	松友美佐纪/高桥礼华（日本）	鲁恺/黄雅琼（中国）
38	2018	武汉（中国）	桃田贤斗（日本）	戴资颖（中国台北）	李俊慧/刘雨辰（中国）	福岛由纪/广田彩花（日本）	王懿律/黄东萍（中国）
39	2019	武汉（中国）	桃田贤斗（日本）	山口茜（日本）	远藤大由/杜边勇大（日本）	陈清晨/贾一凡（中国）	王懿律/黄东萍（中国）

第四节　中国羽毛球主要赛事

1953 年 5 月 2 日至 12 日，全国四项球类运动大会在天津举行，四项球类分别是篮球、排球、网球和羽毛球，羽毛球作为表演项目参加，这是中华人民共和国成立后举办的第一次羽毛球比赛。随着我国羽毛球运动的开展，羽毛球竞赛也逐渐趋于完善和系统化，目前，我国的常规羽毛球比赛主要有如下几项。

一、全国羽毛球锦标赛

全国羽毛球锦标赛每年举行一次，比赛设男子团体、女子团体、男子单打、女子单打、男子双打、女子双打和男女混合双打 7 个项目。2011 年开始将团体赛和单项比赛分开在两个不同的时段进行。

二、全国青年羽毛球锦标赛

全国青年羽毛球锦标赛每年举行一次，比赛设男子团体、女子团体、男子单打、女子单打、男子双打和女子双打，均分甲、乙两个年龄组进行，但男女混合双打不分年龄组。甲组年龄是 19 ～ 20 岁，乙组年龄女子为 16 ～ 18 岁、男子为 17 ～ 18 岁。

三、全国少年羽毛球锦标赛

全国少年羽毛球锦标赛每年举行一次，只进行男、女单打和双打项目。女子分 12 岁、13 岁、14 岁和 15 岁四个年龄组进行比赛，男子分 13 岁、14 岁、15 岁和 16 岁四个年龄组进行比赛。在比赛期间按规程规定的项目对运动员进行身体素质测试，并根据测试成绩和所取得的名次按一定的比例最终计算出运动员的成绩。

四、全国运动会羽毛球比赛

中华人民共和国全国运动会（简称“全运会”）是我国最高级别的综合性运动会，羽毛球比赛极受重视，也是级别最高的比赛，从 1959 年第 1 届全运会起就将羽毛球列为全运会的正式比赛项目，设有团体赛和单项比赛，团体赛设男子团体和女子团体，单项比赛设男子单打、女子单打、男子双打、女子双打和混合双打。

历届全运会羽毛球比赛冠军见表 1-9。

表 1-9　历届全运会羽毛球比赛冠军

届别	年份	地点	男团	女团	男单	女单	男双	女双	混双
2	1965	北京	福建	湖北	汤仙虎（福建）	陈玉娘（湖北）	林建成 / 吴俊盛（福建）	陈玉娘 / 林建英（福建）	—
3	1975	北京	福建	湖北	汤仙虎（福建）	梁秋霞（湖南）	汤仙虎 / 吴俊盛（福建）	梁秋霞 / 李芳（湖南）	吴俊盛 / 丘玉芳（福建）
4	1979	北京	福建	上海	阎玉江（江苏）	刘霞（上海）	林诗铨 / 何连平（福建）	邱玉芳 / 陈秀玉（福建）	李矛 / 傅春娥（浙江）
5	1983	上海	辽宁	广东	韩健（辽宁）	李玲蔚（浙江）	孙志安 / 赵剑华（江苏）	林瑛 / 吴迪西（福建）	林江利 / 林瑛（福建）
6	1987	广东	江苏	福建	杨阳（江苏）	李玲蔚（浙江）	田秉毅（湖北）/ 李永波（辽宁）	韩爱萍（湖北）/ 李玲蔚（浙江）	周金灿 / 林瑛（福建）
7	1993	北京	福建	江苏	赵剑华（江苏）	唐九红（湖南）	陈红勇 / 郑昱闽（福建）	姚芬 / 林燕芬（广东）	赵剑华 / 孙曼（江苏）
8	1997	上海	江苏	湖南	陈刚（浙江）	叶剑颖（浙江）	蒋鑫 / 刘永（江苏）	葛菲 / 顾俊（江苏）	葛菲 / 刘永（江苏）
9	2001	广州（广东）	江苏	湖南	罗毅刚（湖南）	龚智超（湖南）	张蔚 / 王伟（上海）	杨维 / 张洁雯（广东）	孙俊 / 葛菲（江苏）
10	2005	昆山（江苏）	江苏	湖南	林丹（解放军）	蒋燕皎（解放军）	张军 / 蔡赟（江苏）	高崚 / 魏轶力（湖北）	郑波 / 黄穗（湖南）
11	2009	青岛（山东）	江苏	江苏	林丹（解放军）	王琳（浙江）	蔡赟 / 徐晨（江苏）	杜婧 / 于洋（辽宁）	赵婷婷 / 何汉斌（解放军）
12	2013	锦州（沈阳）	福建	解放军	林丹（解放军）	李雪芮（解放军）	郭振东 / 洪炜（福建）	赵芸蕾 / 王晓理（湖北）	鲁恺 / 于洋（辽宁）
13	2017	天津	北京	江苏	林丹（解放军）	陈雨菲（浙江）	王懿律 / 刘成（浙闽队）	骆赢 / 骆羽（山东）	郑思维 / 陈清晨（浙粤队）

五、全国青年运动会羽毛球比赛

全国青年运动会羽毛球比赛的前身为全国城市运动会羽毛球比赛。1988 年汉城奥运会上中国军团只取得了 5 金、11 银和 12 铜。为了挖掘优秀体育后备人才，培养更多的体育后备力量，也为了推动城市体育事业的发展，1988 年 10 月 23 日至 11 月 2 日在山东济南举办了第 1 届全国城市运动会，设项均为奥运会项目，至 2011 年共举办了 7 届全国城市运动会。2013 年 12 月，为了与青奥会接轨，经国家批准，将 2015 年举行的第八届全国城市运动会更名为第 1 届全国青年运动会。

除上述各种专业性比赛以外，随着羽毛球运动的开展，其他多种形式的羽毛球比赛也相继出现，如中国羽毛球俱乐部联赛、全国东西南北中羽毛球大赛、全国中老年人羽毛球比赛、各行业系统的羽毛球比赛，以及残疾人羽毛球比赛等，使我国的羽毛球竞赛活动更加丰富多彩。

第二章

羽毛球运动的基本手法与训练法

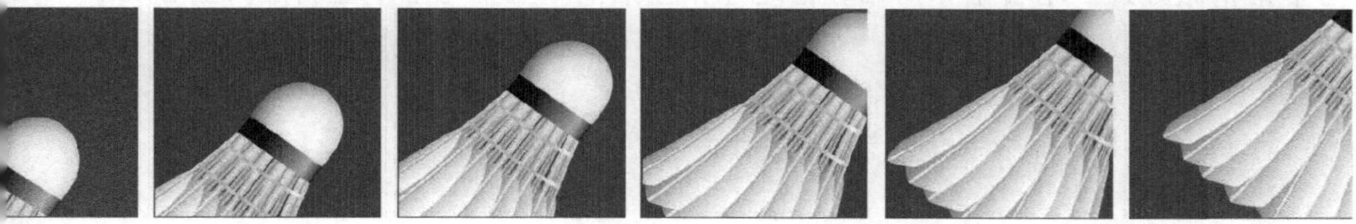

羽毛球运动的基本技术主要由上肢的基本手法和下肢的基本步法两大部分组成，其中上肢的基本手法由握拍、发球（接发球）和击球三个技术部分组成。下肢的步法则由基本站位、上网步法、两侧移动步法和后退步法组成，这些将在第三章进行阐述。

第一节　握拍技术

羽毛球运动是运动者以手握球拍往返击球的方式进行的，所以握拍技术就成了初学者首先要掌握的羽毛球基本技术之一。羽毛球的球拍是运动者手臂的延伸，正确的握拍可使球拍与手臂有机地融为一体，并用这只“延长的手臂”随心所欲地迎击场上不同方向、不同速度的来球，并将球击到对方场区的任何区域，达到手臂与球拍之间的完美结合。而不正确的握拍方法会妨碍对各种技术的掌握和提高。因此，初学者从一开始就应十分重视握拍方法，即使已达到一定水平的运动员，在实践中也应不断完善自己的握拍技术。握拍技术可分正手握拍技术和反手握拍技术。

一、正手握拍技术

用握拍手手掌同一个朝面的拍面击球叫正手击球，正手击球时的握拍方法为正手握拍技术，在身体右侧的击球及后场头顶击球都用正手握拍击球。[①]

握拍时，先用左手握住球拍的中杆，使拍面与地面垂直。张开右手，使手的小鱼际肌靠在拍柄底托处，虎口对准拍柄的内侧小棱边，然后小拇指、无名指和中指并拢握住拍柄，小拇指与无名指在拍柄的末端应稍紧，使球拍不脱手，食指与中指稍微分开，用食指和拇指轻松地环扣住拍柄，五指与拍柄呈斜形（图 2-1）。

（A）　　（B）

图 2-1　正手握拍技术动作要领

二、反手握拍技术

用握拍手手背同一个朝面的拍面击球叫反手击球，反手击球时的握拍方法为反手握拍技术。在身体左侧的击球都用反手握拍击球。

反手握拍是在正手握拍方法的基础上，将球拍柄稍向外旋，食指收回，拇指第二指节顶贴在拍柄内侧的宽面上，其余四支并拢握住拍柄，手心与拍柄之间应有一个明显的空隙（图 2-2）。

（A）　　（B）

图 2-2　反手握拍技术动作要领

---

① 本书介绍的所有基本技术均以右手握拍为例，左手持拍者则反之。

三、握拍技术的关键

无论正手握拍法还是反手握拍法，除动作要领及其区别外，它们共同的技术关键是一要放松、二要灵活。

1）握拍要放松。握拍的时候，手部的肌肉要适当地放松（拇指与食指比较放松，主要用其余三指自然地握住拍柄）。击球前，食指与中指间有一定的距离（正手握拍击球）；手心不要靠在拍柄上，手心到虎口之间应留有空隙（反手握拍击球）。在击球时，握拍才由放松到握紧，虎口也随之夹紧，食指与中指靠拢，虎口与手心之间的空隙缩小（反手击球）。球击出以后，立刻恢复到放松握拍的姿势。

2）握拍要灵活。在场上，击球的方法是多种多样的，不同的击球方法对握拍法有不同的要求，因此，在做不同的击球时，需要对握拍法进行灵活的调整，击球才能收到更好的效果。例如，在后场正手击高远球或杀球时，击球前握拍要放松，由于要用爆发力击球，击球时应突然握紧拍柄。但如果做正手吊球，由于吊球要严格控制力量，即使在击球瞬间，握拍仍然比较放松。在左后场头顶吊对角时，可以使食指和拇指更放松一些，以使拍面容易转动，有利于控制出球方向。在半场区做半蹲快打时，为了减小挥拍幅度，加快频率，可握在拍柄上端。在网前击球时，同样需要灵活地调整握拍法。

握拍是为击球服务的，无论哪一种握拍法，最基本的要领都是要有利于手腕、手指力量的发挥；有利于手腕的灵活转动；有利于灵活调整拍面朝向，以便控制出球路线和球的落点。羽毛球比赛从发球开始到成“死球”，往往要运用不同击球方法来回击很多个回合。击完一次球后，应恢复到正手握拍法，当下一次决定好用何种击球方法时，再转换成相应的握拍法，这样反复循环，直到成“死球”。

四、握拍技术的练习方法

1）教练讲解握拍技术的动作要领，规范要求，使练习者建立正确的动作概念。

2）练习者按正手握拍技术或反手握拍技术握好拍后，逐一检查，纠正错误。

3）练习者体验握拍的松紧度。握拍如同抓住小鸟，不能握得太紧，也不能握得太松。

4）练习者掌握正、反手握拍的转换方法。从正手握拍举在右肩上，到反手握拍举在左肩上，反复练习体会拇指和食指将拍柄捻动后，对手指和拍柄接触部位的不同要求和变化。

5）在击球练习中，启发练习者自觉地随时注意握拍技术是否正确，纠正错误的握拍方法。

五、握拍技术常见错误及纠正方法

图 2-3　拳式握拍

1）五指相互紧靠、一把抓的“拳式握拍”。这种握拍方法中掌心没有留出空间，手臂的肌肉僵硬，会影响手指和手腕的灵活性（图 2-3）。

纠正方法：建立正确的握拍概念，练习时随时提醒自己握拍动作的要领，并注意在非击球时保持握拍的放松。

2）虎口对准拍面的“苍蝇拍式握拍”。这种握法使屈腕发力困难，会妨碍对拍面角度的自由控制和大力击球（图 2-4）。

纠正方法：建立正确的握拍概念，练习时随时提醒自己并调整不正确的握拍动作。

图 2-4　苍蝇拍式握拍

图 2-5　食指按拍柄式握拍

3）食指按拍柄式握拍。食指伸直按在拍柄上，因为食指按在拍柄上才能将力量使出来（图 2-5）。

纠正方法：建立正确的握拍概念，练习时有意控制不让食指伸直，并多进行持拍绕八字练习。

4）反手击球时没有转换成反手握拍法，即用一种握拍法击各种球，这会影响击球的灵活性和威胁性。

纠正方法：建立正确的握拍概念，平时多做手腕的灵活性练习以及持拍绕八字练习，并在练习中注意体会正、反手握拍的转换。

第二节 发球技术

在羽毛球比赛中，每一回合的击球都始于发球，因此发球是羽毛球运动的一项重要基本技术。高质量的发球会给接发球方造成困难，使对方陷于被动，为得分创造条件，甚至可直接得分。低质量的发球会使对方获得进攻机会，让自己陷于被动。因此，发球质量的优劣直接影响比赛的主动或被动，在双打比赛中表现得尤其突出。

发球的基本技术分正手发球技术和反手发球技术。

一、正手发球技术

正手发球是符合规则规定的合法发球方法，是用正手握拍技术将位于自己身体右侧前下方的球击到对方场区的一种发球方式。正手发球可以根据不同的战术需要发出不同的球，根据球在空中飞行弧线的不同，可分为发高远球、发平高球、发平快球和发网前球。

（一）基本姿势

基本站位：单打时，发球员站在场地中线附近，距离发球线约 1 米的位置，发球的站位也可以根据个人情况进行适当的调整。双打时，发球员站位靠前（混双中的男选手除外，在同伴女选手的身后发球）。

准备动作：两脚自然开立，左脚在前，脚尖对着球网；右脚在后，脚尖朝向右斜前方；上身自然挺直，身体重心放在右脚上，成左肩斜对球网之势。右手握拍向右后侧举起，肘部稍屈。左手用手指夹持羽毛球的中间部位，举在体前，两眼注视对方（图 2-6）。

（A）正手发高远球站位

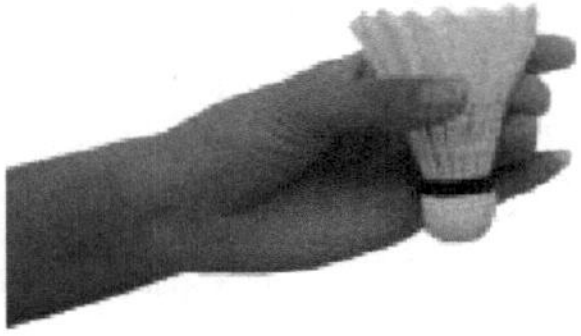

（B）握球手势

图 2-6　基本姿势

（二）技术要领

根据球的飞行弧线的不同，可将正手发球技术分为正手发高远球、正手发平高球、正手发平快球和正手发网前小球四种技术（图 2-7）。

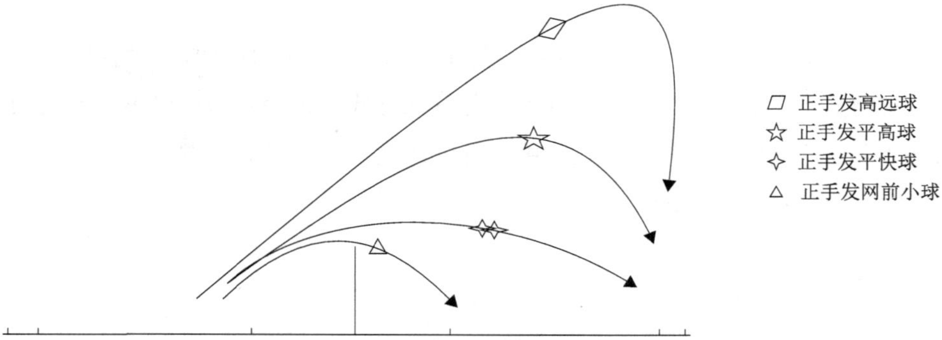

图 2-7　四种正手发球技术球的飞行弧线

1. 正手发高远球

正手发高远球是用正手握拍，以正拍面将球击得又高又远，使球近乎垂直落在对方底线附近的发球区内的一种发球方法。它可以迫使对方退到端线接发球而减小进攻力，是单打的主要发球手段，也是学习发球技术时最基本的内容，初学发球者要从发高远球开始学起。动作要领如下（图 2-8）。

准备动作：见前述。

挥拍动作：持球手松开，使球自然下落，此时左手随引拍动作收至身体左侧。同时，右上臂随转体外旋，并带动前臂自上而下地沿半弧形做回旋引拍动作，充分伸腕，身体重心随转体和引拍动作逐渐前移。当挥拍至身体右侧前下方、身体转至近于面对球网时准备击球。

击球动作：最佳击球点在身体右侧前下方。在拍面与球接触的瞬间，右臂迅速内旋带动手腕快速向前上方闪动、展腕发力，用正拍面将球击出，身体重心随转体动作逐渐由右脚移至左脚。

收拍动作：身体重心完全移至左脚上，持拍手随击球动作完成后的挥拍惯性向左肩上方挥动，然后两臂还原成接球前的准备姿势。

图 2-8　正手发高远球

2. 正手发平高球

正手发平高球是用正手握拍，以正拍面击出比正手发高远球的飞行弧线低的一种发球方法，球飞行的高度以对方跳起不能拦截为宜。由于飞行弧度不高、球速相对较快，此种发球颇具威胁性，可迫使对方匆忙向后移动接球，从而限制对方的大力扣杀或其他进攻性回击。动作要领如下。

准备动作：准备动作与挥拍动作均与正手发高远球基本一致。

击球动作：击球时以前臂带动手腕发力向前推送击球。球与球拍接触时，球拍后仰的程度比发高远球时小。

收拍动作：与正手发高远球一致（图 2-9）。

1　2　3　4

图 2-9　正手发平高球

正手发平高球的关键点是要掌握好击球时球拍的仰角，控制好球的飞行弧度。如果拍面仰角大，击出的球过高，则缺乏攻击力，达不到战术目的。如果拍面仰角小，出球太低，则易被对方拦击。击球力量要适当，力量太小球发不到位，力量过大球易出界。因此，必须注意掌握好球的飞行高度、击球力量的大小。

3. 正手发平快球

正手发平快球是用正手握拍，以正拍面击出比正手发平高球的飞行弧度还要低的一种发球方法。这种球几乎擦网而过，直飞对方后场。由于它的弧线平直，飞行急速，向对方接球能力最薄弱的部位或空挡发去，往往会使对方措手不及，因此具有球速快、突击性强的特点，是单打、双打发球抢攻战术的主要发球技术。动作要领如下（图 2-10）。

准备动作：与正手发高远球相同，引拍动作比正手发高远球的动作略小一些。

击球动作：在规则允许的范围内击球点要尽量提高，击球时拍面仰角较小，在前臂内旋的快速带动下，靠手腕和手指突然向前发力将球击出。

收拍动作：与正手发高远球一致。

图 2-10　正手发平快球

正手发平快球的关键点是击球动作要小而快，爆发力和目的性要强。

4. 正手发网前小球

正手发网前小球是用正手握拍，以正面击球，使球贴近球网而过，最后落在对方前发球线附近的一种发球方法。它的飞行弧度小、距离短，可以有效地限制对方而直接进行强有力的进攻，是单打、双打比赛中较常见的一种发球方法。动作要领如下（图 2-11）。

准备动作：与正手发高远球一致，引拍动作比正手发高远球的动作略小些、柔和一些。

击球动作：击球时握拍要松，挥拍幅度较小，前臂前摆，以手指控制力量，收腕发力，用斜拍面向前推送切击球托，使球轻轻擦网而过，正好落在前发球线附近的发球区内。

收拍动作：与正手发高远球动作基本一致。

图 2-11　正手发网前小球

正手发网前小球的关键点：①严格控制击球力量和掌握好用力的方向，避免球过网偏高，那样会易遭扑击；②击球时，球拍面略向后仰，在规则允许的范围内尽量提高击球点，尽可能使球过网时的弧线低一些。

二、反手发球技术

反手发球是符合规则规定的合法发球方法，用反手握拍技术将位于自己身体左侧前下方的球击到对方场区的一种发球方式。由于反手发球主要靠挥动前臂和伸腕闪动发力，动作小，力量也比较小，但发球较快，动作一致性好，与正手发球技术相比，其具有隐蔽性和突击性，因此，在比赛中，尤其是在双打比赛中被广泛运用，常以反手发平高球、平快球和网前小球为主。

（一）基本姿势

基本站位：发球员站在发球区靠近中线，并距前发球线较近的位置上。

准备动作：发球员面向球网，两脚自然开立，右脚在前，左脚在后，上身自然伸直，身体重心放在右脚上。右手反手握拍于拍柄的前端，肘关节抬起，前臂内旋，使拍框下垂于左腰侧；左手以拇指、食指和中指捏住羽毛球，球托向下，斜放到球拍前面，两眼注视对方（图 2-12）。

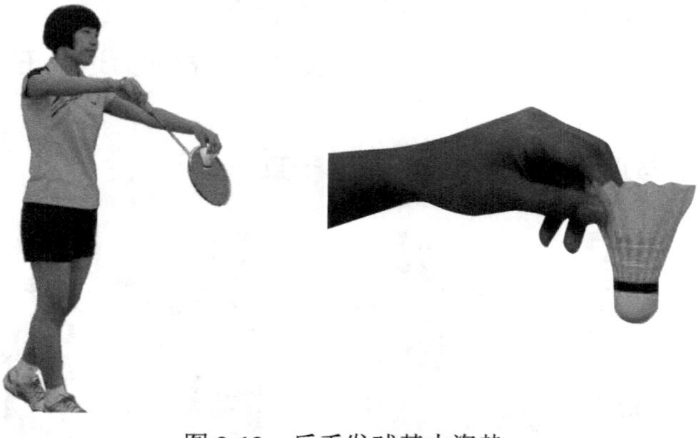

图 2-12　反手发球基本姿势

（二）技术要领

根据球的飞行弧线，可将反手发球技术分为反手发平高球、反手发平快球和反手发网前小球三种技术（图 2-13），在双打比赛中，反手发球技术使用较为频繁。

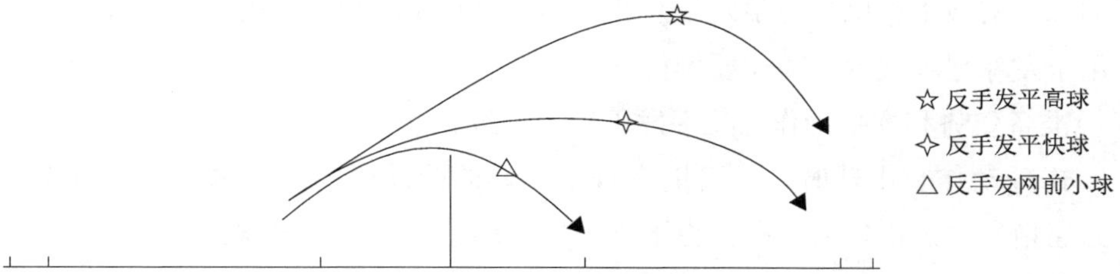

图 2-13　三种反手发球技术球的飞行弧线

1. 反手发平高球

用反手握拍，以反拍面击出与正手发平高球的飞行弧度一样的球称为反手发平高球。动作要领如下（图 2-14）。

准备动作：见前述。

挥拍动作：球拍后摆，然后以前臂带动手腕从左下方向右上方快速挥拍，在拍将要击到球之前，左手自然松手放球。

击球动作：击球时，屈指收腕，用反拍面向前上方将球击出。

收拍动作：击球后前臂随惯性上摆到一定高度后制动，停止发力，并将握拍姿势迅速调整为正手放松握拍。

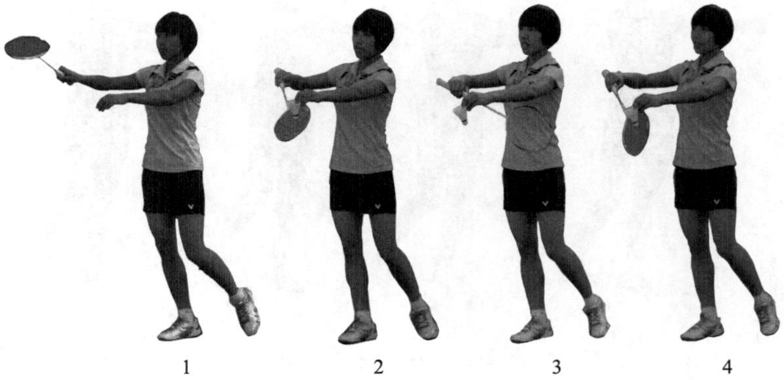

图 2-14　反手发平高球

反手发平高球的关键点同正手发平高球。

2. 反手发平快球

反手发平快球，即用反手握拍，以反拍面发出与正手发平快球同样飞行弧度的球。其战术作用与正手发平快球相同，更具隐蔽性和突击性，在双打比赛中常用于发球强攻战术。动作要领如下。

准备姿势和挥拍动作与反手发平高球一致。

击球动作：击球时，尽可能在规则允许的范围内提高击球点，利用拇指的顶力屈指发力，击球力方向应更平直一些，迅速向前推进击球。

收拍动作：与反手发平高球一致。

3. 反手发网前小球

反手发网前小球，即用反手握拍，以反拍面击出与正手发网前小球的飞行弧度一样的球。这种发球的战术作用与正手发网前小球相同。动作要领如下（图 2-15）。

准备动作、引挥拍动作与反手发平高球相同。

击球动作：击球时，拇指前顶，手腕由前屈变为向后伸展，用球拍对球做横切推送动作，使球轻轻擦网而过，正好落在前发球线附近的发球区内。

收拍动作：与反手发平高球相同。

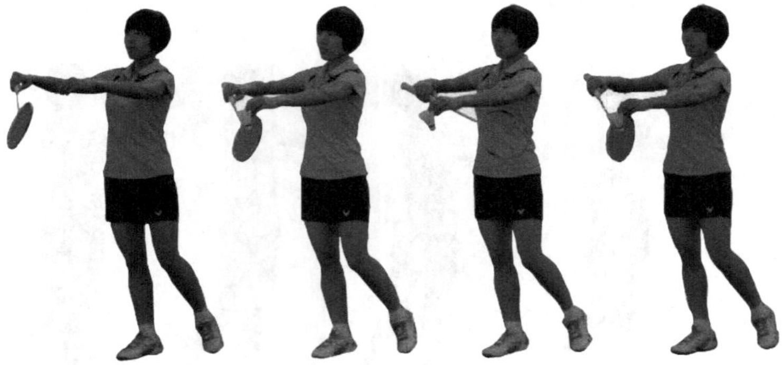

图 2-15　反手发网前小球

三、发球技术的练习方法

1）理解各个发球技术的动作要领，建立正确的技术动作概念。

2）先学习正手发高远球，然后再学习其他发球。

3）根据发球技术的不同，从按正确挥拍路线的慢动作做挥拍练习，逐渐过渡到正常速度的挥拍练习，而且要反复练习。

4）用吊线球进行正手发高远球的练习：用球拍向前上方击吊线球，模仿正手发高远球的动作。要求以完整的发球动作击吊线球，包括左手的持球动作，而且要反复练习。

5）反复做放球练习，固定球的落点，以提高发球的准确性、稳定性。

6）理解身体各部位协调发力的顺序，做放松协调的对墙发球练习。

7）在场地上进行正式发球练习。首先要注意动作的正确性，其次才是飞行弧度和落点的质量。

8）准确性练习。在端线内约 80 厘米处画一条横线，发高远球（或平高球）要落在 80 厘米的区域内。在前发球线后约 60 厘米处画一条横线，发网前小球要落在 60 厘米的区域内。在发球区四个角上画好小方框，要求将球发在方框内。

9）发球动作一致性练习。用同一个准备姿势，交替发不同飞行弧线和不同落点的球。

10）发球、接发球对抗练习。

四、常见的发球错误

（一）正手发球的常见错误及纠正方法

1）发球时没有转体，重心没有随身体的转动由右脚移至左脚，动作缺乏协调性，影响了击球的发力。

纠正方法：建立正确的技术概念，多做发球挥拍练习，在徒手挥拍练习过程中注意体会转体和移重心的动作。

2）持球手将球向上抛而不是放开球使之顺势落下，此动作会影响发球的稳定性。

纠正方法：反复做放球接挥拍的徒手练习，放球动作定型后再进行发球练习。

3）掌握不好放球与挥拍之间的时空关系，放球与挥拍配合不好，击球不准。

纠正方法：在正确的放球落点处放置一个羽毛球，做徒手放球（不持球，只做动作），结合挥拍练习，要求挥拍轨迹从放置的羽毛球上方划过，反复练习。

4）出现“脚部违例”现象。

纠正方法：熟悉羽毛球规则中的合法发球，避免出现发球时脚踩线、脚离地和脚移动的现象。

5）发高远球时，挥拍路线不是自右后，经右前下方，再挥向左上方画弧，而是横扫，致使出球弧度太低；或击球后，球拍不是往左上方挥动，而是往右上方挥动，造成动作不协调，发力不充分。

纠正方法：建立正确的技术概念，多做按正确路线进行的慢动作挥拍练习，逐步过渡到正常速度的挥拍练习。

6）发网前小球时，没有掌握好击球时机、力量和角度，造成球离网过高，易被对方扑死。

纠正方法：建立正确的技术概念，定时定量进行专门的发网前小球练习，由量的积累达到质的提高。

（二）反手发球的常见错误及纠正方法

1）横握球拍，致使发球时出现平扫或翻腕动作，出现“拍杆与拍头没有指向下方”的违例动作。

纠正方法：建立正确的发球概念，熟悉羽毛球规则中的合法发球，避免出现发球时在击球瞬间“拍杆与拍头没有指向下方”的违例现象。

2）发网前小球时，手腕上挑，容易使球向上飞行，过网时离网太高，易被对方扑死。

纠正方法：建立正确的发球概念，在发球时注意拍面的角度以及对手腕的控制。

3）发平高球时，击球时提高了击球点，造成“过腰”违例。

纠正方法：建立正确的发球概念，熟悉羽毛球规则中的合法发球，避免出现在发球和击球的瞬间球的整体高于腰的现象。

4）发平快球时，为了使球的飞行弧度低、威慑力大，在击球的瞬间快速翻转手腕，会出现不合法的“拍杆与拍头没有指向下方”的违例动作。

纠正方法：建立正确的发球概念，对羽毛球规则中的“合法发球”要熟悉，在发球与击球的瞬间拍杆与拍头要指向下方。

第三节　接发球技术

将对方的发球回击至对方场区的技术称为接发球技术。

比赛中发球方总是想方设法地利用多变的发球来增加接发球方的接球难度，从而保证自己在场上的主动，而接发球方也总是想尽一切办法做好充分的准备来破坏发球方的意图，以达到后发制人。

一、接发球站位

（一）单打接发球站位

单打接发球站位距前发球线约 1.5 米的距离。在左发球区接发球，一般要选择有效接发球区域中心位置站位（图 2-16），这样能够照顾到前后左右方向发来的各种落点的球。在右发球区接发球，要选择有效接发球区域中心稍靠近中线的位置站位（图 2-17）。

（二）双打接发球站位

双打后发球线比单打后发球线短 76 厘米。发高球易被扣杀，所以所有双打多以发网前小球为主。因此，双打接发球的站位一般都偏前一些，根据接发球员的能力，选择靠近前发球线的位置，男子比女子更靠前一些，其目的是在网前争取高的击球点。

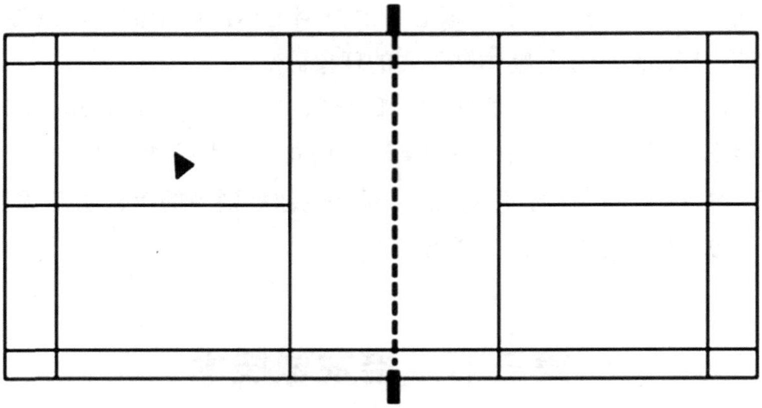

图 2-16　左发球区站位

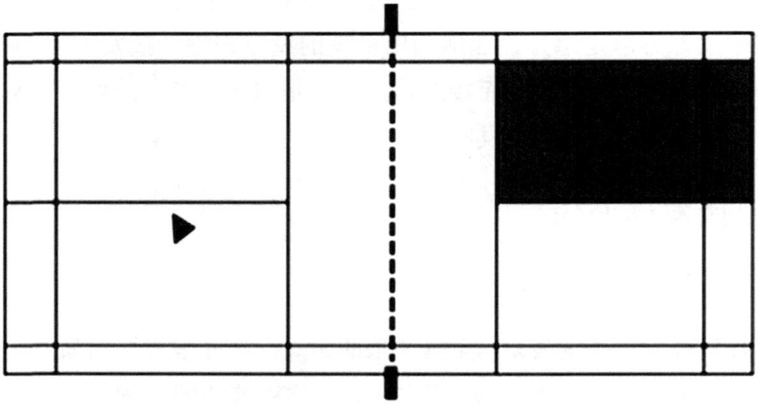

图 2-17　右发球区站位

二、接发球准备姿势

（一）单打接发球准备姿势

左脚在前，以整个脚掌着地，右脚在后，以前脚掌触地，身体重心落在左脚上，双膝稍微弯曲。右手持拍自然举放在胸前，左手自然屈肘于左侧，保持身体平衡。眼睛注视对方，准备接发球。

（二）双打接发球准备姿势

双打接发球准备姿势与单打接发球准备姿势基本相同，但由于双打速度快，所以接发球时可将球拍适当抬高一些，举至头前上方的位置。

三、接发球种类

（一）接发前场小球回击种类

接发球方根据对方发过来的网前小球，可将球回击出以下不同种类。

1）接发球搓、放小球。

2）接发球勾对角小球。

3）接发球挑高球。

4）接发球推球。

5）接发球扑球。

（二）接发后场球回击种类

接发球方根据对方发过来的后场球，可将球回击出以下不同种类。

1）接发球击高远（平高）球。

2）接发球吊球。

3）接发球杀球。

第四节　击 球 技 术

羽毛球运动的各项挥拍技术统称为击球技术。

羽毛球击球技术，可根据场区分为后场击球技术、中场击球技术和前场击球技术；也可根据握拍分为正手击球技术和反手击球技术。

一、后场击球技术

在羽毛球比赛中，后场击球技术是非常重要的技术之一。由于击球发力充分，它具有力量大、速度快、攻击力强等特点。后场击球技术可分为后场正手、头顶和反手三种击球技术。根据需要可击出高远球、平高球、杀球、吊球和劈球，每一种技术又分别可击出直线球和斜线球。

（一）后场高远球击球技术

后场高远球是由端线击出高弧度飞行的、几乎垂直落到对方端线附近场区内的球，由于飞行弧度大、飞行速度慢，多在被动状况下运用，可争取回位时间，以便过渡和调整击球位置。

1. 后场正手击高远球技术

用正手握拍，击球点位于身体右侧，用正拍面击出的高远球，称为正手击高远球。动作要领如下。

准备动作：两脚自然开立，比肩宽，左脚在前，右脚在后，右手握拍，置于胸前，上体收腹、前倾，重心落在前脚掌上。

引拍动作：判断来球起动后，运用后场正手后退步法向身体右后侧区域的来球方向移动，同时持拍手臂以小于 90° 左右的夹角屈肘举于体侧，左手自然上举保持平衡，侧身对网，重心落在右脚上，回到击球前的准备姿势。当球下落到一定高度时，持拍手肘部上抬，手臂外旋，充分后仰，以肩为轴做回环引拍动作，手腕充分伸展，球拍垂于右肩后，形成击球前较长的力臂，左臂随转体动作伸向左侧，协调右手发力，准备击球。

击球动作：击球点选择在右肩前上方，前臂急速内旋，带动手腕加速向前上方挥动，屈收手腕，屈指发力，用正拍面在高空最高点将球向前上方击出。

收拍动作：击球后持拍手随击球动作的惯性向左前下方挥动，左手协调保持身体平衡，重心移至左脚，向中心位置回动，同时持拍手由左前下方迅速收回至体前，准备下一次击球（图 2-18）。

2. 后场正手头顶击高远球技术

用正手握拍，在左后场区域，击球点位于头顶的前上方，用正拍面击出的高远球，称为正手头顶击高远球。动作要领如下。

准备动作：与后场正手高远球击球准备动作一致。

引拍动作：运用后场头顶后退步法向来球落地方向移动，击球前的准备姿势应为左肩侧身对网，如果时间来不及，则可以呈仰面姿势，以与后场正手击高

1　　2　　3　　4　　5

（A）正手击高远球击球动作

（B）正手击高远球击球点

（C）正手击平高球击球点

图 2-18　正手击高远球

远球技术相同的引拍动作准备击球。

击球动作：击球点选择在头顶或左肩前上方，击球动作与正手击高远球的动作要领基本相同。

收拍动作：击球后右手随击球动作的惯性向左前下方挥动，左手协调保持身体平衡，重心移至左脚，迅速向中心位置回动，同时持拍手迅速收回至体前，准备下一次击球（图 2-19）。

图 2-19 正手头顶击高远球

3. 后场反手击高远球技术

用反手握拍，以反拍面在左后场击高远球，称为后场反手击高远球。动作要领如下（图 2-20）。

准备动作：两脚自然开立，比肩宽，右脚在前，左脚在后，右手握拍，置于胸前，上体收腹、前倾，重心落在前脚掌上。

引拍动作：由中心位置起动后，用后场反手后退步法向来球方向移动，击球前右脚在前（先不着地，在击球动作完成的瞬间着地），身体背向球网，右手反手握拍屈肘举至身体右侧与肩同高的位置，两眼注视来球，右手肘向上抬举，身体稍向左转体，含胸收腹，左腿稍屈，同时右手臂回环内旋引拍，右手尽量放松，手腕稍外展。

击球动作：当球下落至右肩上方一定的高度时，上臂、前臂急速外旋带动手腕加速，画一条弧线似的由左下方经胸前向右前上方挥动。击球时手腕由伸展至屈收快速闪动屈指发力，利用拇指的顶力以及食指、下三指的握力，用反拍面将球击出。此时右脚着地，身体重心也落在右脚上。

收拍动作：右手臂手腕伸收发力后随即制动，收回至胸前，向右转体，面向球网向中心位置回动。

4　　3　　2　　1

（A）反手击高远球击球动作

（B）反手击高远球击球点

图 2-20　反手击高远球

（二）后场击平高球技术

击出比高远球的飞行弧度低，但对方举拍又拦截不到，落到在对方端线附近场区内的球，称为平高球。平高球属于后场快速进攻的主要技术之一，在击球时，加大击球的爆发力，加快击球的速度，控制对方后场底线两角，使对方在匆忙后退中回击球而造成回球质量的下降，从而掌握主动权。

1. 后场正手平高球击球技术

用正手握拍，击球点位于身体右侧，用正拍面击出的平高球，称为后场正手击平高球。动作要领如下。

准备动作、引拍动作和收拍动作与后场正手高远球击球技术相同。

击球动作：与正手击高远球相似，不同之处在于击球点略前于高远球，击球拍面的仰角稍小于高远球。

2. 后场正手头顶击平高球技术

用正手握拍，在左后场区域，击球点位于头顶的前上方，用正拍面击出的平高球，称为正手头顶击平高球。动作要领如下。

准备动作、挥拍动作和收拍动作与后场正手头顶击高远球技术相同。

击球动作：击球点略前于高远球，击球面较高远球仰面小，手腕、手指闪动发力的速度更快，爆发力更强。

（三）后场杀球技术

杀球是在后场或中场争取尽量高的击球点，并全力将球由高点向下往对方中后场区扣压的一种技术。杀球时击球力量大、速度快，在比赛中通常是进攻直接得分的主要手段。

后场杀球技术包括后场正手杀球、正手头顶杀球和反手杀球技术。根据出球角度的不同，可分为正手、头顶和反手杀直线和斜线球；根据球力量的不同，可分为重杀和点杀；根据出球距离和落点的不同，可分为长杀（落点在双打后发球线附近）和短杀（落点在中场附近）；另外还有利用时间差而进行的突击杀等多种杀球。而原地正手杀球是各种杀球的基础，初学者必须首先掌握好这一技术。

1. 后场正手杀球技术

用正手握拍，击球点位于身体右前侧，用正拍面杀出的球，称为后场正手杀球。动作要领如下（图 2-21）。

准备姿势、引拍动作和击球后的动作均与后场正手击高远球相同。

击球动作：击球点选在右肩前上方较击高远球、吊球稍前一点的位置。击球前，为获得较大的力臂距离，引拍动作可较后场击高远球大一些，充分调动下肢、腰腹和上肢的力量。在准备击球前，身体后仰，几乎呈“弓”形，在击球瞬间，调动全身的力量，通过手腕由伸到屈的快速闪动，用正拍面向前下方全力压击球。

1 2 3 4 5

图 2-21 后场正手杀球

掌握杀球技术的关键点。一是选择正确的击球点。如果击球点太靠前，则杀球不易过网；如果击球点太靠后，则击球角度不好，不利于发力，击出的球压不下来；击球点的位置必须恰当，才能取得理想的杀球效果。二是身体协调用力。杀球的力量来自右腿的蹬力，腰腹力，上臂、前臂、手腕以及身体重心等各方面的协调一致，最后用在击球上。如果有一个动作协调不好，就会影响杀球力量。

后场正手杀直线球还是杀斜线球，主要根据手腕、手指控制击球的拍面和方向来决定，用正拍面向前下方击球则杀直线球，用正拍面向斜前下方击球则杀斜线球。

2. 后场头顶杀球技术

在左后场区用正手握拍，以正拍面在头顶上方杀球，称为后场头顶杀球。动作要领如下（图 2-22）。

后场头顶杀球技术的准备姿势、引拍动作及击球后的收拍动作要领均与后场头顶击高远球技术相同。

击球动作：与后场正手杀球动作要领相似，所不同的是击球点偏向头顶上方或左肩上方。

1　　2　　3　　4　　5

图 2-22　反场头顶杀球

击球时，如果用正拍面向前下方发力击球托中后部为头顶杀直线球；击球时手臂带动手腕内旋，手指向内旋动球拍，用正拍面向右斜下方击球托的稍左侧后部为头顶杀斜线球。

3. 后场反手杀球技术

在后场左侧上空的高球，用反手握拍，以反拍面杀球，称为后场反手杀球。动作要领如下。

准备动作、引拍动作和收拍动作与反手击高远球技术动作相同。

击球动作：与高远球相比，击球点靠前，力量较大，击球时拍面的仰角较小。为了获得最大的击球力量，击球时要靠左脚的蹬力和腰腹力、肩力以及上臂带动前臂由内旋至外旋快速闪动，屈指发力，用反拍面击球托的后部。击球瞬间，拍面向正前下方压为反手杀直球，向斜前下方压则为反手杀斜线球（图 2-23）。

（四）后场吊球技术

将中、后场的高球，运用劈切的技术动作回击到对方的前场区域，称为吊球。吊球的飞行轨迹以球过网后迅速下落为宜，与后场高球结合使用，就能有效地调动对方，从而达到掌握场上主动权的目的。

图 2-23　后场反手杀球

1. 后场正手吊球技术

在自己后场右侧上空的高球，正手握拍用正拍面吊球，称为后场正手吊球。动作要领如下。

准备姿势、引拍动作和收拍动作均与正手击高远球相同。

击球动作：击球点在右肩前上方较击平高球稍前一些的位置，击球的瞬间突然减速、减力，手腕由伸腕到屈收带动手指捻动发力，使球拍向内、外旋转，手腕、手指控制力量，以斜拍面“切击”球托后部的右侧或左侧。

2. 后场正手头顶吊球技术

在左后场区上空的高球，击球点选择在头顶或左肩的前上方，以正手握拍，用正拍面吊球，称为后场正手头顶吊球。动作要领如下。

准备姿势、引拍动作和收拍动作均与正手头顶击高远球相同。

击球动作：击球力量要小，吊球时，前臂内旋带动球拍自右向左挥动，手腕放松，手指控制好拍面角度。欲吊斜线球，则采用滑拍吊球，用手指推转拍柄，使球拍向内旋转，以斜拍面前下方“切击”球托的后左侧，球则落到对方的左前区（图 2-24）。

1　2　3　4　5

（A）正手头顶吊球击球点　（B）正手头顶吊球击球动作

图 2-24　后场正手头顶吊球

3. 后场反手吊球技术

在左后场区上空的高球，反手握拍，用反拍面吊球，称为后场反手吊球。动作要领如下。

准备姿势、引拍动作和击球后的收拍动作均同反手击后场高远球。

击球动作：击球前挥拍减慢速度、减小挥拍力量。吊直线球时，右前臂外旋带动手腕，用手指捻动发力，使拍面外旋，用斜拍面向前下方切击球托的后中部，击球瞬间，拍面与地面的夹角应稍大于 90°。吊斜线球时，用斜拍面向斜下方“切击”球托左侧部位。反手吊球发力击球时应稍带有前推动作，否则球不易过网（图 2-25）。

4　3　2　1

（A）后场反手吊球击球点　（B）后场反手吊球击球动作

图 2-25　后场反手吊球

（五）后场劈球技术

后场劈球技术是一项介于吊球技术和杀球技术之间的后场进攻技术。劈球是以吊球的动作、杀球的力量，以斜拍面击球，所以速度快，落点比较刁钻。实战中与平高球、吊球、杀球配合运用，常会给对方造成判断上的困难，是后场灵活多变、威力强大的进攻技术。它分为后场正手劈球技术和后场正手头顶劈球技术两种。

1. 后场正手劈球技术

在自己后场右侧上空的高球，正手握拍，用正拍面劈球，称为后场正手劈球。

动作要领：准备姿势、引拍动作和击球后的动作都与后场正手吊球技术相同，不同之处在于击球发力不同。吊球发力小，劈球则要加大击球力量，击球时充分运用前臂、手腕、手指控制拍面，以斜拍面快速向下劈压击球。劈直线球时，斜拍面“切击”的角度要小；劈对角线球时，拍面“切击”的角度要大。

2. 后场正手头顶劈球技术

在左后场区上空的高球，击球点选择头顶或左肩的前上方，以正手握拍，用正拍面进行的劈球，称为后场正手头顶劈球。

动作要领：准备姿势、引拍动作和击球后的动作均与正手头顶击吊球相同。其不同之处在于，劈球击球发力和击球拍面角度较吊球要大。

注意事项：后场击球技术动作的学习顺序应依照先学正手击球、再学头顶击球的步骤，依次学习高远球、杀球、吊球三项最基本的后场击球技术；待以上各项技术掌握牢固后，可以进行更高一级的“延伸”技术动作的学习，如平高球、劈球、点杀等技术学习；最后学习后场反手击球技术。

学习羽毛球后场各项击球技术时，一定要注意后场高远球、杀球和吊球技术动作的一致性。击球前的动作要隐蔽，使对方无法预判，从而掌握主动权。

（六）后场击球技术练习方法

1. 高远球的练习方法

1）理解动作要领，建立正确的动作概念。

2）按规范动作要求，分解动作，做击高远球的挥拍练习。

3）用线绳把球悬挂在适当的高度（以人直立持拍上伸拍面击到球为宜）做击球练习（人站的位置应使球保持在右肩上方）。

4）陪练者站在高台上将球放下，练习者做原地击高远球多球练习（注意站位要适当）。

5）陪练者站在练习者的右侧或前侧将球定点抛向练习者的右肩上方，练习者做挥拍击高远球多球练习。

6）陪练者发高远球至练习者右侧上方，练习者回击高远球。

7）练习者站在端线前约 2 米处，陪练者发高远球至练习者的右后方，练习者做并步后退回击高远球，击球后立即回位。

8）一对一直线定点对击高远球。击球力量达到一定程度之后，可做对角线练习。

9）做起动、回动的多球练习。练习者在场区中心位置做准备，陪练者发高远球至右后场区，练习者后退回击高远球，击球后即刻回到中心位置准备下一次击球。

10）同第 9 条，击直线球和斜线球时落点要到位。

2. 扣杀球的练习方法

1）理解动作要领，建立正确的动作概念。

2）按手势指令，做扣杀球的挥拍练习。

3）右手持羽毛球站在半场区，模仿扣杀球的技术向对方场区下压掷球。

4）陪练者发半场高球，练习者站在半场区做扣杀练习。

5）一攻一防练习。可进行杀—挑—杀—挑的连续练习，也可进行杀球——一般挡球—回击一般高球—回击高远球—杀球的连续练习。

6）一攻二防（一点杀两点）练习。练习者交替向左右两个陪练者杀球，以练习控制杀球的能力。

3. 吊球的练习方法

1）理解动作要领，建立正确的动作概念。

2）按规范技术要求做吊球的挥拍练习。

3）定点吊球，即练习者站在后场区，将陪练者发来的高远球吊回对方的网前区。

4）一人挑球，另一人连续吊网前球练习，两人交换进行练习。

5）一点吊两点，即练习者在一个固定点将球吊对角斜线和吊直线。两个陪练者将球挑回固定点。

6）两点吊一点，即陪练者往对方后场底线两角挑高球，练习者积极移动，将球吊回对方网前球的固定点。

（七）后场高球技术的常见错误及纠正方法

1. 击球前肘关节前置

这是一个致命的错误，表现在挥拍的时候肘关节没有上提，在击球前，肘关节已早早移到前面，致使击球点前而低，既打不出又高又远的球，也扣不下来球，大大影响了后场进攻能力。

纠正方法：进一步建立正确的技术要领，多做靠墙挥拍练习、击悬挂球挥拍练习，直到动作定型。

2. 发力不好

发力不好，表现在挥拍击球时没有力量，球打不到后场。

纠正方法：①进一步理解、领会技术要领，尤其是加速挥拍，体会闪腕击球的“抽鞭式”击球技术的要领，并反复练习。②多做力量性的辅助练习。例如，手握小哑铃、小沙袋、网球拍等做挥拍发力击球的模仿练习，同时下肢和腰腹的力量也要跟上。

3. 出球的线路掌握不好

出球的线路掌握不好，表现在杀球时球压不下来，吊球时弧线太高，高远球打不到后场而成了半场高球。

纠正方法：要区分各种击球的击球点、拍面角度和发力方向。高远球击球点偏上，拍面要适当后仰（过分后仰会击成半场高球），向前上方发力。平高球的拍面角度和发力方向类似于击高远球，但击球点略靠前，拍面后仰程度略小，发力方向略平直一些。而杀球、吊球的击球点更靠前一些，拍面要适当前倾，向下发力。

二、中场击球技术

中场击球技术可分为中场平抽快挡技术、中场接杀球技术。中场是攻防转换的重要区域，双方距离较近，球在空中滞留的时间也较短，因此中场击球技术要求挥拍预摆幅度要小，突出一个“快”字。

中场击球技术是由判断起动—移动引拍—完成击球—回收动作—再开始下一次击球前的判断起动构成的。

（一）中场平抽快挡技术

在中场，将对方进攻质量不高、来球弧度较平至肩部高度附近的球，运用正手或反手以齐网的飞行弧度，还击至对方中后场区域或者快挡过网的球，称为中场平抽快挡球。平抽快挡球发力动作小、距离短、速度快，广泛运用于双打对攻和反攻中。中场平抽快挡球可分为中场平抽球和中场快挡球。

1. 中场平抽球

沿球网平行弧度向对方场区抽压平扫的击球方法称为中场平抽球。它是中场击球技术中的一种主动击球技术，具有飞行弧度较平、落点较远等特点，在双打中常用。中场平抽球可分为正手中场平抽球和反手中场接杀平抽球。

（1）正手中场平抽球

用正手握拍，以正拍面将位于身体右侧、来球弧度较平的球或杀球用抽击的方法回击到对方场区，被称为正手中场平抽球。动作要领如下（图 2-26）。

准备动作：面对球网，两脚左右开立，略宽于肩，右脚稍在前，微屈膝收腹，重心在右脚上。

引拍动作：右脚向前迈出，上体稍向右侧，右臂屈肘举拍于右肩上方。

击球动作：当右脚跨出着地的同时，主要靠前臂带动腕部“抽鞭式”地闪动挥拍，将球抽向对方。

收拍动作：抽球后，将球拍收回体前，迅速回位。

图 2-26　正手中场平抽球

（2）反手中场平抽球

用反手握拍，以反拍面将位于身体左侧来球弧度较平的球或杀球用抽击的方法回击到对方场区，称为反手中场平抽球。动作要领如下（图 2-27）。

准备动作：面对球网，两脚左右开立，略宽于肩，右脚稍靠前，微屈膝，收腹。

引拍动作：右脚向左脚前交呈叉步迈出，身体左转，重心落在右脚上，右臂屈肘举拍于左肩上方。

击球动作：击球时，以躯干为竖轴，上臂带动前臂向击球方向做半弧形挥拍，在手臂几乎伸直时，手腕用力地闪动挥拍击球，将球抽向对方。

收拍动作：抽球后，将球拍收回至体前，迅速回位。

中场平抽球的关键点是击球时要控制好拍面，使球齐网而过。

2. 中场快挡球

挡球技术类似于抽球，但击球点近身，只能以前臂、腕、指发力为主击球，一般用于对方杀球力量大、球速较快时，借助来球的力量把球挡回去。其可分为正手中场快挡球和反手中场快挡球。

1　2　3　4

图 2-27　反手中场平抽球

（1）正手中场快挡球

用正手握拍，以正拍面将位于身体右侧体前的来球轻挡过网，使球落于对方前场区域，称为正手中场快挡球。动作要领如下（图 2-28）。

准备动作：两脚左右开立，面对网，重心降低，右手握拍位置上移，屈肘置于体前，左臂自然屈肘于体侧，两眼注视来球。

引拍动作：判断起动，适时移动。在跨步的同时，以肩为轴，手臂屈肘后拉，前臂向后外旋回环带动手腕伸展引拍。

击球动作：击球时不必做较大的挥拍动作，主要以食指和拇指控制住拍面，并借助来球的力量将球挡回对方网前区域。

收拍动作：击球后要迅速收拍，同时右脚回位，一步成准备姿势。

1　2　3　4

图 2-28　正手中场快挡球

（2）反手中场快挡球

用反手握拍，以反拍面将位于身体左侧体前的来球轻挡过网，使球落于对方前场区域，称为反手中场快挡球。动作要领如下（图 2-29）。

准备动作：与正手中场快挡球相似，持拍于左侧体前，两眼注视来球。

引拍动作：判断，持拍手以肩为轴，上臂带动前臂内旋回环引拍，向来球方向伸出。

击球动作：以反拍面对准来球，几乎没有击球前的预摆引拍动作，以拇指和食指控制球拍，向前推送挡球至对方网前区域。

收拍动作：击球后，制动前臂，收拍成准备姿势，迎接下一个来球。

中场快挡球的关键点是判断要准确、反应要快，并要控制好挡球的力量。

1　　2　　3

图 2-29　反手中场快挡球

（二）中场接杀球技术

把对方杀过来的球还击回去，称为接杀球。接杀球技术是羽毛球实战中由守转攻的重要技术，如果能够较好地掌握接杀球技术，做到反应快、判断准、技术娴熟、回球的落点和线路运用得当，通常可以达到由守转攻、反败为胜的目的。

中场接杀球技术由接杀放网前球、接杀挑高球、接杀勾对角线球等几项技术组成，每项技术又分为正手、反手两种击球方法。

1. 接杀放网前球

将对方击来的杀球，回击到对方前场区域的网前球称为接杀放网前球。接杀放网前球分为正手接杀放网前球和反手接杀放网前球。

（1）正手接杀放网前球

用正手握拍，以正拍面在身体的右侧将对方杀球回击直线球至对方网前区域，称为正手接杀放网前球。动作要领如下。

准备动作：两脚与肩同宽，自然分立于中场稍偏后一点的位置，降低重心，两眼注视对方的杀球动作。

引拍动作：判断起动后，运用正手步法向来球方向移动，同时上臂带动前臂和手腕外旋做一定的弧形引拍，球拍与跨步脚尖同时伸向来球，准备击球。

击球动作：击球时，手腕屈收，手指控制拍面，借助对方杀球的力量，以一定的仰角斜拍面向前上方推送，“切击”球托的底部。

收拍动作：击球后将球拍收回至体前，迅速回中。

（2）反手接杀放网前球

用反手握拍，以反拍面在身体的左侧将对方杀球回击直线球至对方网前区域，称为反手接杀放网前球。动作要领如下。

准备动作：两脚与肩同宽，自然分立于中场稍偏后一点的位置，降低重心，两眼注视对方的杀球动作。

引拍动作：判断起动后，运用反手步法向来球方向移动，当右脚或左脚触地时，右上臂内旋，带动前臂和手腕内旋做一定的弧形引拍，伸向身体左侧的来球方向，准备击球。

击球动作：击球时，手指控制拍面，借助对方杀球的力量，由展腕到手腕微发力，以一定的仰角斜拍面向前推送，“切击”球托的底部。

收拍动作：击球后将球拍收回至体前，并调整为正手握拍，迅速回中。

接杀放网前球的关键点是要控制好拍面，掌握好接杀球回击力度，使回击球过网后下落。

2. 接杀挑高球

将对方杀至身体腰部以下的球，以高弧度回击至对方后场底线附近，称为接杀挑高球。防守中，运用这种技术可调动对手，削弱对手的进攻威力。接杀挑后场球可分为正手接杀挑后场球和反手接杀挑后场球。

（1）正手接杀挑后场球

用正手握拍，以正拍面将对方杀向身体右侧或体前的球挑到对方后场底线附近区域，称为正手接杀挑后场球。动作要领如下。

准备动作：与正手接杀放网前球一致。

引拍动作：判断起动后，运用正手步法向来球方向移动，同时以肩、肘为轴心，前臂外旋带动手腕伸腕在身体的右前下方做半弧形回环引拍动作。

击球动作：击球时，前臂和手腕迅速内旋，食指紧扣拍柄，向前上方展腕发力。出手要快，预摆动作和发力动作幅度要小。

收拍动作：与正手接杀放网前球一致。

（2）反手接杀挑后场球

用反手握拍，以反拍面将对方杀向身体左侧或体前的球挑到对方后场底线附近区域，称为反手接杀挑后场球。动作要领如下。

准备动作：与反手接杀放网前球一致。

引拍动作：判断起动后，运用反手步法向来球方向移动，在左脚（或右脚）向左侧迈出的同时，上体稍向左侧旋转，以肩、肘为轴心，前臂内旋带动手腕伸腕在身体的左前下方做半弧形回环引拍，准备击球。

击球动作：击球时，以肘为轴心，前臂向前挥动的同时，带动手腕迅速外旋，紧握球拍，利用拇指的顶力将球击出。

收拍动作：与反手接杀放网前球一致。

接杀挑后场球的关键点是要控制好拍面角度，要有前上方挑球的爆发力，将球击到位。

3. 接杀勾对角球

将对方击来的杀球，以对角线小球回击至对方前场区域，称为接杀勾对角球。在防守中运用此技术，可以增加对方前后移动的难度，改变自己的被动局面，减慢对方进攻的速度。接杀勾对角球可分为正手接杀勾对角球和反手接杀勾对角球。

（1）正手接杀勾对角球

用正手握拍，以正拍面在身体的右侧将对方杀球勾到对方右前场区域，称为正手接杀勾对角球。动作要领如下（图 2-30）。

准备动作、引拍动作和收拍动作与正手接杀放网前球一致。

击球动作：以一定的肘部回拉动作带动上臂内旋，手腕内收，食指回拉拍，拨击球托的右后侧，使球沿对角线飞越过网。可视对方杀球力量的大小来调整击球力量。对方杀球力量大，击球发力相对小；对方杀球力量小，击球发力则要大。

3　　2　　1

图 2-30　正手接杀勾对角球

（2）反手接杀勾对角球

用反手握拍，以反拍面在身体的左侧将对方杀球勾到对方左前场区域，称为反手接杀勾对角球。动作要领如下（图 2-31）。

准备动作、引拍动作、收拍动作与反手接杀放网前球一致。

击球动作：击球时，肘部突然下沉，同时前臂外旋带动手腕由屈至伸并发力，拇指和中指向右侧拉拍柄，其余手指瞬间紧握拍柄，并产生一定的捻动发力，拨击球托的左后侧，使球沿对角线飞越过网。可视对方杀球力量的大小调整击球力量。

接杀勾对角球的关键点是要掌握好击球时拍面的角度，动作要突然、短小、快速。

图 2-31　反手接杀勾对角球

（三）中场击球技术的练习方法

1. 中场平抽、快挡练习方法

1）理解动作要领，建立正确的动作概念。

2）按规范动作做正、反手抽球或正、反手平挡球挥拍练习。

3）陪练者以平快球（头顶高度）快速发多球，练习者在中场做正、反手平抽球或正、反手快挡球练习。

4）两人一组多球练习，在同一半场，一人站在网前，向中后场两边抛出平快球，另一人进行正、反手抽球练习。

5）一对一（或二对二）站在中后场区进行平抽球练习。

6）两人一组多球练习，一人杀球，另一人进行正、反手挡球练习。

7）一对一（或二对二）站在中后场进行平抽快挡练习，边做边压上网，缩短双方之间的距离。

2. 中场接杀球技术的练习方法

要想掌握中场接杀放、勾、挑技术，应先学习接杀放网前球技术，然后再学习其他动作。练习方法基本上可按下列顺序进行。

1）理解动作要领、规范要求，建立正确的动作概念。

2）按规范技术，结合步法做挥拍练习。

3）两人一组多球练习，一人杀球，另一人练习正、反放网前球。

4）两人一组多球练习，一人杀球，另一人练习正、反手勾对角球。

5）两人一组多球练习，一人杀球，另一人练习正、反手挑后场球。

6）两人一组多拍练习，一人杀球后回中，另一人放网前球或挑后场球。

7）两人一组多拍练习，一人杀球后回中，另一人勾对角或挑后场球。

8）进行半场（以边线、端线和中线构成区域）一攻一守的对抗练习。

9）进行全场攻守练习。

（四）中场击球技术的常见错误及纠正方法

1. 中场平抽、快挡球

中场平抽、快挡球常见错误及纠正方法如下。

1）击球质量不高，回球过高或下网。

纠正方法：控制好拍面角度，掌握好击球点。

2）击球点在体后，造成出球无力。

纠正方法：明确技术概念，准备姿势时持拍应略高，拍框应翘起，有利于加快举拍击球；多练习以肘为轴，以前臂带动手腕做小幅度快速挥拍；多进行挥拍练习；在平抽快挡练习中，击完前一拍，立刻准备击第二拍，加快反应速度。

2. 中场接杀放网前球

常见错误：球不过网或过网太高。

纠正方法：加快反应和移动速度，争取最佳击球时机，控制好拍面的角度以及击球的力量；反复进行练习。

3. 中场接杀挑后场球

中场接杀挑后场球常见错误及纠正方法如下。

1）反应慢，接不到球。

纠正方法：通过多球练习，加快反应速度及对来球的判断能力；加强接杀球步法练习。

2）击球点靠后，造成出球无力，回球不到位。

纠正方法：根据来球做好准备姿势，调整拍面角度，加快动作速度，增强击球的爆发力。

4. 中场接杀勾对角球

常见错误：动作僵硬，勾球质量不高、不到位。

纠正方法：手指、手腕要协调配合，注意引拍动作前的外旋（内旋）及手臂带动的回收动作。

三、前场击球技术

在羽毛球比赛中，前场击球技术是重要的技术之一。高质量的前场击球技术有利于控制和调动对方，取得主动。前场击球技术由前场放网前球、挑高球、平推球、搓小球、勾对角线小球和扑球技术组成，每一项技术又分正手击球和反手击球。依据击球点位置的不同，前场击球可分为前场低手位击球和前场高手位击球两种。

（一）前场低手位击球技术

前场低手位击球是指在被动状态下，击球点偏低，在腰部和膝盖以下，可以运用放网前球、挑后场高球和低手勾对角线球等几种击球技术。由于是在被动情况下进行击球，所以这是一种防守性的击球技术。

1. 放网前球

放网前球是在前场区域将处于低手位置且距球网有一定距离的来球轻轻一击，使球贴网而过落到对方网前区域内的击球方式。网前球在过网时没有旋转与翻滚，但落点可以贴近球网。放网前球适用于对各种不同位置来球的回击，如远网球、被动球等。放网前球可分为正手放网前球和反手放网前球。

（1）正手放网前球

用正手握拍，以正拍面将前场区域低手位置的来球击至对方前场区域，称为正手放网前球。动作要领如下（图 2-32）。

准备动作：两脚自然开立，比肩宽，右脚在前，左脚在后，右手握拍，置于胸前，上体收腹、前倾，重心落在脚前掌上。

引拍动作：判断来球起动后，降低重心，运用正手上网步法迅速向身体右侧来球方向移动，当右脚向前蹬跨时，右手从胸前向来球方向伸出，同时手臂外旋带动手腕稍做回环引拍，伸向来球底部。左手向身体的侧后方自然平举，以保持身体平衡，呈击球前的准备姿势。

击球动作：右手完全放松，掌心空出，仅用手指握住拍柄，拍面几乎呈仰平面置于球托底部，靠身体的前冲力量和拇指、食指力量轻轻向上抬击球托的底部，使其越网而过，贴网下落。在击球过程中，左手仍然保持向侧后方自然平举的动作，以保持身体的协调与平衡。

收拍动作：右脚迅速蹬地，向球场中心位置回动，同时击球手臂收回至体前，呈正手放松握拍姿势，准备回击下一个来球。

图 2-32　正手放网前球

（2）反手放网前球

用反手握拍，以反拍面将前场区域低手位置的来球击至对方前场区域，称为反手放网前球。动作要领如下（图 2-33）。

准备姿势：与正手放网前球动作一致。

挥拍动作：判断来球起动后，降低重心，运用反手上网步法迅速向身体左侧来球方向移动，右手调整为反手握拍，从胸前向来球方向伸出，同时手臂略内旋，带动手腕稍做回环引拍，伸向来球方向。左手向身体的侧后方自然平举，以保持身体平衡，呈击球前的准备姿势。

击球动作：握拍手完全放松，掌心空出，仅用手指握住拍柄，靠身体前冲的力量，拇指轻轻向上顶力抬击球托的底部，使球过网后下落。在击球过程中，左手仍然保持向侧后方自然平举的动作，以保证身体的协调平衡。

收拍动作：与正手放网前球动作一致，右手由反手握拍还原为正手放松握拍。

1　2　3　4

图 2-33　反手放网前球

2. 挑后场高球

将对方击过来的网前落点较低的球，由下往上击到对方后场端线上空，称为挑后场高球。这是在被动情况下为赢得回位时间而经常采用的一种过渡性击球技术。挑后场高球可分为正手挑后场高球和反手挑后场高球。

（1）正手挑后场高球

用正手握拍，以正拍面把对方击来的网前球，在较低的位置由下往上击到对方后场端线上空，称为正手挑后场高球。动作要领如下（图 2-34）。

准备动作：与正手放网前球动作一致。

引拍动作：以肩、肘为轴心，前臂外旋带动手腕伸腕在身体的右前下方做半弧形回环引拍动作。

击球动作：击球的瞬间，前臂迅速内旋带动手腕向前上方闪动发力（与正手发高远球的击球动作一致）。用正拍面向正前上方挥动击出的球为正手挑后场直线高球，用正拍面向斜前上方挥动击出的球为正手挑后场对角线球。

收拍动作：持拍手臂随惯性向左前上方挥动减速，然后自然收拍至体前，并迅速回到中心位置。

4 3 2 1

图 2-34 正手挑后场高球

（2）反手挑后场高球

用反手握拍，以反拍面把对方击来的网前球，在较低的位置由下往上击至对方后场端线上空，称为反手挑后场高球。动作要领如下（图 2-35）。

准备动作：与正手放网前球动作一致。

引拍动作：右脚向左前方做最后跨步，重心放在右脚上，右肩对网，以肩、肘为轴心，前臂内旋带动手腕在身体的左前下方做半弧形回环引拍动作。

击球动作：击球时，以肩关节为轴，主要以小臂迅速带动手腕闪动发力，并充分利用拇指的顶力将球击出。用反拍面自左向左前上方挥动击出的球为反手挑后场直线球，用反拍面自左向右前上方挥动击出的球为反手挑后场对角线球。

收拍动作：击球后前臂随惯性向上挥拍，自然收拍至体前，并还原为正手握拍，同时向中心位置回位。

4 3 2 1

图 2-35 反手挑后场高球

挑后场高球技术的关键点是要根据球离网的远近、高低适当调整拍面角度和用力方向，要有向前上方挑球的爆发力。

3. 低手位勾对角线球

将靠近网前区域边线附近低手位（几乎触地）的球轻轻一勾，回击至对方斜对角前场区域，称为低手位勾对角线球。这是被动情况下的过渡球，但往往能出其不意地陷对方于被动，是前场低手位击球中不可缺少的重要技术。低手位勾对角线球分正手低手位勾对角线球和反手低手位勾对角线球。

（1）正手低手位勾对角线球

用正手握拍，以正拍面将靠近网前区域边线附近低手位的球回击至对方斜对角前场区域，称为正手低手位勾对角球。动作要领如下（图 2-36）。

准备动作、引拍动作与正手放网前球动作一致。

击球动作：上臂内旋，食指发力，用斜拍面向网前斜上方稍加力量抬击球托底部，使球齐网飞过，贴网下落。

收拍动作：击球后，迅速向中心回位，同时右手臂收回至体前。

图 2-36　正手低手位勾对角线球

（2）反手低手位勾对角线球

用反手握拍，以反拍面将靠近网前区域边线附近低手位的球回击至对方斜对角前场区域，称为反手低手位勾对角线球。动作要领如下（图 2-37）。

准备动作、引拍动作、收拍动作与正手放网前球动作一致。

击球动作：上臂外旋，用食指、拇指捻动球拍，用斜拍面向网前斜上方抬击球托左侧。由于是低手位，拍面的角度和发力都要略大一些。

1 2 3 4

图 2-37　反手低手位勾对角线球

（二）前场高手位击球技术

前场高手位击球是在主动状态下将击球点争取到更高，可以运用搓球、推球、勾对角线小球和扑球等几种击球技术，其具有一定的主动性和进攻性。

1. 搓球

将对方击至球网上半部的球，用斜拍面搓、切球托的动作击球，使球在摩擦力的作用下旋转翻滚越过网顶，落在对方网前，称为网前搓球。这一技术在来球比较靠近球网时运用，具有一定的进攻性。由于击球点高、速度快，球处于旋转翻滚不稳定状态，给对方回击造成困难，从而为自己创造了进攻机会。

搓球分为正手搓球和反手搓球。

（1）正手搓球

用正手握拍，以正拍面将网前的来球运用搓、切击动作回击，称为正手搓球。动作要领如下（图 2-38）。

准备动作：两脚自然开立，比肩宽，右脚在前，左脚在后，右手握拍，置于胸前，收腹，上体前倾，重心落在前脚掌上。

引拍动作：判断来球起动后，运用正手上网步法迅速向来球方向移动，当右脚向前蹬跨时，右手从胸前向来球方向伸出，争取高击球点。左手向身体的侧后方自然平举，以保持身体平衡，呈击球前的准备姿势。在伸拍的同时，前臂外旋做半弧形的挥拍动作。

击球动作：搓球有两种击球方式，一种是收搓，即击球时手腕由展腕至收腕发力，由右向左以斜拍面切击球托的右后侧部位，使球下旋翻滚、旋转过网；另一种是展搓，即击球时手腕由收腕至展腕发力，拍面由左向右移，斜拍面切击球托的左后侧部位，使球上旋翻滚、旋转过网。

收拍动作：击球后，手腕伴有一定的制动，右脚掌迅速蹬地向球场中心位置回动，同时右臂收回至体前，呈正手放松握拍姿势，准备回击下一个来球。

图 2-38 正手搓球

（2）反手搓球

用反手握拍，以反拍面将网前的来球运用搓、切击动作回击，称为反手搓球。动作要领如下（图 2-39）。

准备动作：与正手搓球动作一致。

引拍动作：判断来球起动后，运用反手上网步法迅速向来球方向移动，同时持拍手前臂内旋做半弧形引拍向来球方向伸出，并争取高击球点。左手向身体的侧后方自然平举，以保持身体平衡，呈击球前的准备姿势。

击球动作：搓球有两种击球方式，一种是收搓，即击球时手腕由展腕至收腕发力，由左向右以斜拍面切击球托的左后侧部位，使球下旋翻滚、旋转过网；另一种是展搓，即击球时手腕由收腕至展腕发力，拍面由右向左以斜拍面切击球托的右后侧部位，使球上旋翻滚、旋转过网。

收拍动作：与正手搓网前球动作一致。注意握拍要从反手握拍还原成正手放松握拍。

图 2-39　反手搓球

搓球的关键点是要尽量争取较高的击球点，搓球要快；根据球离网的远近，应用手指灵活控制拍面的角度和击球的力量。

2. 推球

在网前较高的击球点上，用推击的方法向对方底线击出弧度较平、速度较快的球，称为推球。由于击球点距网较近，击出的球平直快速，因此很具有进攻性。

推球分为正手推球和反手推球。

（1）正手推球

用正手握拍，以正拍面在右前场区把较高点位置的来球推到对方后场端线附近，称为正手推球。动作要领如下（图 2-40）。

准备动作、引拍动作、收拍动作与正手搓球动作一致。

击球动作：击球时，前臂由外旋回环至内旋，带动腕部的转动和手指（主要是食指）的力量，以竖直拍面向前快速推击。根据推球的方向可分为正手推直线球和正手推对角线球。

（2）反手推球

用反手握拍，以反拍面在左前场区把较高点位置的来球推到对方后场端线附近，称为反手推球。动作要领如下（图 2-41）。

准备动作、引拍动作、收拍动作与反手搓球动作一致。

击球动作：击球时，前臂外旋，带动腕部转动，中指、无名指和小指屈指紧握拍柄，拇指顶推，以竖直拍面向前快速推击。根据推球的方向可分为反手推直线球和反手推对角线球。

4　3　2　1

图 2-40　正手推球

1　2　3　4

图 2-41　反手推球

推球的关键点是击球点要高，并控制好拍面的角度，如果球已落到网沿以下，就要使拍面略后仰，若球已落得很低了，则不宜用推球。另外，拍子的预摆幅度要小，发力要短促、快速。

3. 高手位勾对角线球

用屈腕或伸腕的动作调整拍面角度，将前场区域的球轻巧地回击到对方斜对角的网前区内，称为高手位勾对角线球。由于高手位勾对角线球是在主动情况下完成的动作，击球点高，具有进攻性。它与搓球和推球交替进行，常能达到出其不意的战术效果。

高手位勾对角线球可分为正手高手位勾对角线球和反手高手位勾对角线球。

（1）正手高手位勾对角线球

用正手握拍，以正拍面将右前场区离边线较近且位置较高的球，以对角线路回击到对方右前场区边线附近，称为正手高手位勾对角线球。动作要领如下（图 2-42）。

准备动作、引拍动作、收拍动作与正手搓球动作一致。

击球动作：击球时，上臂内旋带动肘部向左稍回拉，手腕由伸腕至内收腕发力切击球托的右后侧部位，使球沿对角线飞跃过网，击球力量不宜太大。另外，应根据来球位置的不同调整好击球的拍面。

图 2-42　正手高手位勾对角线球

（2）反手高手位勾对角线球

用反手握拍，以反拍面将左前场区离边线较近且位置较高的球以对角线路回击到对方左前场区边线附近，称为反手高手位勾对角线球。动作要领如下。

准备动作、引拍动作、收拍动作与反手搓球动作一致。

击球动作：击球时，上臂带动肘部外旋向右稍回拉，手腕由展腕至收腕发力切击球托的左后侧部位，使球沿对角线飞跃过网，击球力量不宜太大。另外，应根据来球位置的不同调整好击球的拍面。

勾对角线球的关键点是伸腕或展腕动作要突然、短小、快速，使拍面对准出球方向。

4. 扑球

将对方击过来的弧线较高的网前球迅速下压到对方场区内的击球方式称为扑球。扑球可被视为近网区域内的一种杀球，其速度快、飞行路线短，往往使对方难以防接，是前场进攻直接得分的重要手段，也是双打项目中的主要技术。扑球击球点要高，手腕和手指的爆发力强，动作不能太大。扑球可分为正手扑球和反手扑球。

（1）正手扑球

用正手握拍，以正拍面将位于球网上方的来球，由上向下向对方场区扑击下去，称为正手扑球。动作要领如下（图 2-43）。

准备动作：判断来球起动后，运用前场跃起扑球的方法向来球方向移动。

引拍动作：在右脚向前蹬起并腾空跃起的同时，右手高举向头部前上方伸出，前臂略外旋，回环引拍。

击球动作：击球点必须高于球网的顶部，击球时前臂内旋，手腕由伸展姿势向前下方快速挥拍发力，击球托的正面。击球后，前臂和手腕都有一定的制动动作。如果来球距离球网较近，为避免击球后控制不住球拍的挥动惯性而触网，可采用从右向左几乎与球网平行的方向挥动击球。

收拍动作：击球后，手臂以制动动作结束，迅速收回至体前，做好迎接下一个来球的准备。

图 2-43　正手扑球

（2）反手扑球

用反手握拍，以反拍面将位于球网上方的来球由上向下向对方场区扑击下去，称为反手扑球。动作要领如下（图 2-44）。

准备动作：判断来球起动后，运用前场跃起扑球的方法向来球方向移动。

引拍动作：在右脚向前蹬起并腾空跃起的同时，右手稍内旋，回环引拍，向头部前上方的来球伸出。

击球动作：击球点必须高于球网的顶部，击球时前臂外旋，手腕由伸展姿势向前下方快速收腕发力，拍击球托正面。如果来球距离球网较近，为避免击球后控制不住球拍的挥动惯性而触网，可采用从左向右几乎与球网平行的方向挥动击球。

收拍动作：击球后，手臂以制动动作结束，迅速收回至体前，做好迎接下一个来球的准备。

1　2　3　4

图 2-44　反手扑球

（三）前场球技术的练习方法

在放、挑、搓、推、勾、扑这些前场球技术中，应先学习放网前球技术，因为它的技术要求较简单，初学者易掌握，其次学习挑后场球技术，然后再学习其他技术动作。

练习方法基本上可按下列顺序进行。

1）理解动作要领、规范要求，建立正确的动作概念。

2）原地或前跨一步做徒手（不用球）模仿练习。

3）原地或前跨一步做多球练习（为了保证动作质量，上一个球与下一个球不要连接得太紧）。

4）从场区的中心位置开始，做上网步法并结合击球的多球练习（注意：放网前球、挑后场高球时最后一步步幅宜大，一般采用低重心。搓球、推球、勾对角球时最后一步步幅也宜大，但身体重心应偏高。扑球时最后一步则要蹬跃起来）。

5）从场区中心位置开始，做定点（规定左或右）、定动作（规定用某一动作）

的多球练习。

6）从场区中心位置开始，做定点、不定动作（根据来球的实际情况灵活选用动作）的多球练习。

7）从场区中心位置开始，做不定点（练者搭档可任意向左或右给球）、不定动作的多球练习。

（四）前场击球技术的常见错误及纠正方法

1. 放网前球

常见错误：球不过网或过网后太远、太高。

纠正方法：根据来球调整好拍面角度并控制好用力的大小。

2. 挑后场高球

挑后场高球的常见错误及纠正方法如下。

1）击球后身体重心继续前冲，回动有困难。

纠正方法：移动时保持身体重心在两脚间，不要过于前倾；如果最后一步步幅很大，在右脚着地后，左脚应向前刮地跟进一段距离，以利于回蹬。

2）挑球不够高、不够远。

纠正方法：注意掌握好拍面的角度，击球的瞬间，向前上方用爆发力击出；反复进行多球练习。

3. 搓球

搓球的常见错误及纠正方法如下。

1）握拍太紧，动作僵硬，击球时动作过大，用前臂挥动砍、切球。

纠正方法：握拍时手心空出，根据动作要领，用手指灵活控制拍面角度，并掌握好用力的大小。

2）拍面角度不正确，太平。

纠正方法：做定点搓球练习，用斜拍面击球。

3）击球部位不正确，球不翻滚和旋转。

纠正方法：反复进行多球练习，切击球托后底部，并注意击球的时机和击球拍面。

4. 勾对角球

常见错误：勾对角球质量不高，不过网或离网过高。

纠正方法：手臂带动手腕协调用力，控制好拍面，反复进行勾对角的多球练习。

5. 推球

推球的常见错误及纠正方法如下。

1）击球点太低，致使推球的弧线太高或不过网。

纠正方法：快速判断来球，抓住最佳击球时机，控制好拍面角度。

2）球拍后摆幅度过大。

纠正方法：正确掌握技术动作要领，预摆幅度要小，发力要短促、快速。

6. 扑球

扑球的常见错误及纠正方法如下。

1）动作太大，挥拍时间长，易触网违例。

纠正方法：扑球时动作要小而迅速。击球点较网远时，可以用前臂和手腕向正前下方扑击；击球点近网时，则应使球拍平行于球网向侧面扑击。

2）手腕没有闪动动作，使球缺少向下的飞行趋势，容易造成底线出界。

纠正方法：反复进行扑球的多球练习，正确掌握技术动作，上网要快，掌握好高点扑球的机会。拍面的前倾程度应根据击球点的高低和距网的远近进行调整。

第三章

羽毛球运动的基本步法与训练法

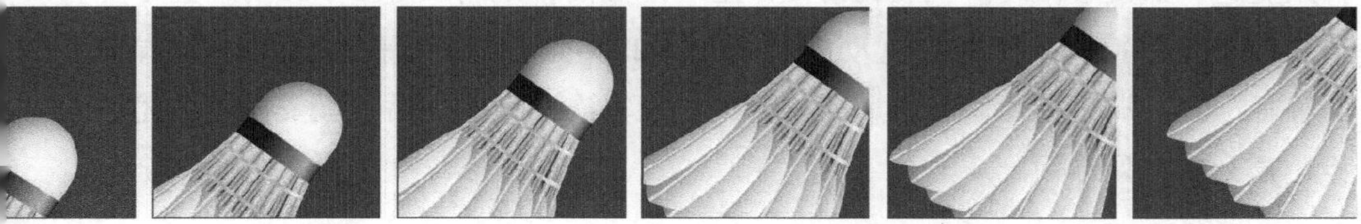

在进行羽毛球运动时，运动者在场上为了跑到位置击球而采取的快速、合理、准确的移动方法，称为步法。

羽毛球运动是在由球网分隔开的两块大小相等的场地上进行的，其中又分为双打场区和单打场区，双打场区面积为40.87平方米，单打场区面积为34.71平方米。在运动中，必须在球落地前将球击回对方场区，如果运动者的移动能力不足，无法及时到位击球，就会影响击球的准确性，甚至击不到球，即使有再好的击球技术也难以发挥，由此可见，移动步法在羽毛球运动中是非常重要的。羽毛球技术初学者，必须同步配合练习步法。

第一节　羽毛球运动步法的动作分析

羽毛球运动的步法包括起动、移动、到位配合击球和回位四个环节。

一、起动

对来球进行反应判断，即从中心位置上的准备接球姿势转为向击球的位置出发，称为起动。一场比赛要起动几百次（基本上是每击一次球即要起动一次）。要做到起动快，必须做到起动准备姿势正确、反应敏捷和判断准确。准备姿势可分为两种：一种是接发球姿势（必须按规则要求原地站位），即左脚在前（以右手持拍为例），右脚在后，侧身对网，重心置于前脚，右脚跟离地，双膝微屈，收腹含胸，放松握拍，屈肘举在胸前，两眼注视对方的发球动作（图 3-1）；另一种是在双方对击球过程中的站位姿势，即右脚在前，左脚在后，前脚掌着地，脚跟提起，膝关节微屈，上肢稍前倾，重心落在两脚之间，持拍于腹前，整个姿势要协调，保持一触即发的起动姿势（图 3-2），在对方击球的一刹那，两脚向上轻轻一跳，调整好身体重心，即刻起动，在每次击完球之后，又要恢复上述姿势，直到成“死球”。

图 3-1　接发球姿势

图 3-2　击球过程中的站位姿势

二、移动

移动主要是指从中心位置起动到击球位置的移动方法。移动步法通常有垫步、交叉部、小碎步、并步、蹬转步、蹬跨步、腾跳步等。这些步法构成了从中心位置到场区不同方位击球的组合步法——上网步法、两侧移动步法和后退步法。自中心位置到击球位置的步数，一般用一步、两步或三步来表示，这要根据球距离身体的远近来决定。如图 3-3 所示，在中圈内，只需原地击球或移动一步击球。若击球点在中圈与外圈之间，则需移动两步击球。若击球点在外圈之外，就要用移动三步击球了。对于步幅小的运动员来讲，则需增加步数，以争取到位击球。

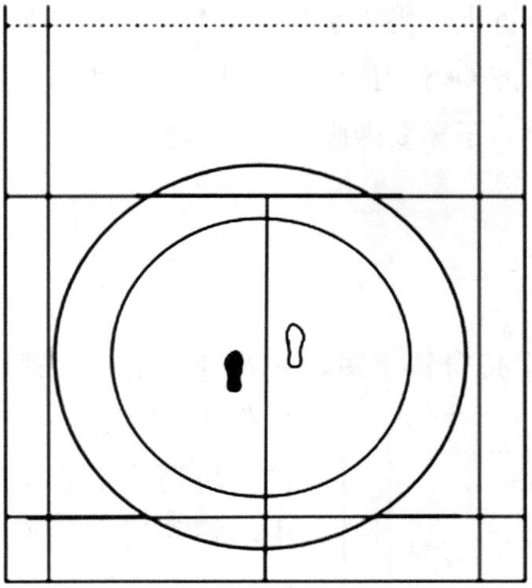

图 3-3　中心位置

1）垫步。右（左）脚向前（后）迈出一步后，紧接着以同一脚向同一方向再迈出一步，称为垫步。垫步一般用作调整步距。

2）交叉步。左右脚交替向前、向侧方或向后移动，为交叉步。经另一脚前面超越的为前交叉步，经另一脚跟后面超越的为后交叉步。

3）小碎步。小碎步则为小的交叉步，由于步幅小、步频快，一般在起动或回动起始时使用。

4）并步。右脚向前（或向后）移动一步时，左脚即刻向右脚跟并一步，紧接着右脚再向前（向后）移一步，称为并步。

5）蹬转步。以一脚为轴，另一脚做向后或向前蹬转迈步。

6）蹬跨步。在移动的最后一步，左脚用力向后蹬的同时，右脚向球的方向跨出一大步，称为蹬跨步。它多用于上网击球，在向后场底线两角移动做抽球动作时也常采用。

7）腾跳步。起跳腾空击球的步法为腾跳步。它可分为两种 ：一种是在上网扑球或向两侧移动突击杀球时，以领先的脚(或双脚）起跳，做扑球或突击杀球 ；另一种是对方击来高远球时，用右脚（或双脚）起跳到最高点时杀球。

三、到位配合击球

移动的目的是击球。所谓步法“到位”，是指根据不同的击球方式，运动员应移动到最佳的击球位置上。当正手扣杀球时，应使球处在身体右前方；正手搓球时则应使球处在右前方伸臂伸拍后击到球的地方为宜。如果没有移动到最理想的位置，最后（击球前）还需要做脚步的小调整，做到击球时上肢、下肢、躯干都能协调一致地发力。

四、回位

击球后，应尽力保持身体平衡，并即刻向中心位置移动，以便在中心位置上做好迎击下一个来球的准备，称为回位。所谓“中心位置”，一般是指场区的中心略靠后的位置（单打如图 3-4 所示），因为这个位置最有利于兼顾向场区各个方向去迎击球。初学者往往缺乏回中心位置的意识，在哪里打完球就停在哪里，这是必须要改正的。当然，随着比赛经验的增加，运动员会逐渐体会到，并非千篇一律地每击完一次球后都必须回到场区的中心位置，而应根据比赛当时的实际情况，根据单、双方技战术的特点，选择最有利于回击对方来球的回动路线和回动位置。

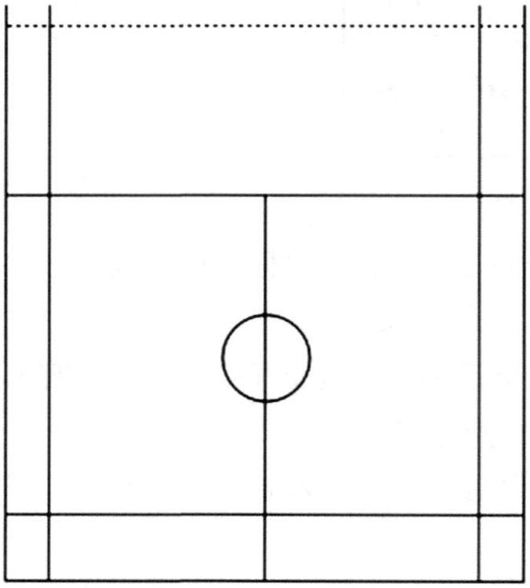

图 3-4　单打中心位置

第二节　羽毛球运动的基本步法

一、上网步法

从中心位置移动到网前击球的步法，称为上网步法。上网步法是由并步、交叉步、垫步、蹬转步（或蹬跳步）构成的。所有的上网步法均应注意满足下列要求：①什么位置做最后一步蹬跨为好，要根据来球的位置而定，一般应以最后一步跨出以后，侧身对网，自然伸直手臂拍子能打到球为宜。②最后的蹬跨步都应右脚在前，步幅较大，着地点超越膝关节，重心在右脚上。右脚应以脚跟外侧沿先着地，然后过渡到脚掌，并用脚趾制动，不使身体再前冲。右臂前伸击球时，左臂自然张开。击球后立即以右脚回蹬，如果最后的跨步步幅很大，左脚应自然跟随前移一些，以便回动。③放网前球、挑球一般采用低重心姿势。搓球、推球、钩球时身体较直，重心较高，扑球时往往需向前上方蹬跳。

以下上网步法以右手持拍为例。

（一）一步上网步法

起动后，左脚前脚掌用力后蹬，右脚向来球方向跨出一大步，击球。击球后立即向中心位置退步回位。向右前场上网，用正手击球，称为右前一步上网步法（图 3-5）；向左前场上网，用反手击球，称为左前一步上网步法（图 3-6）。

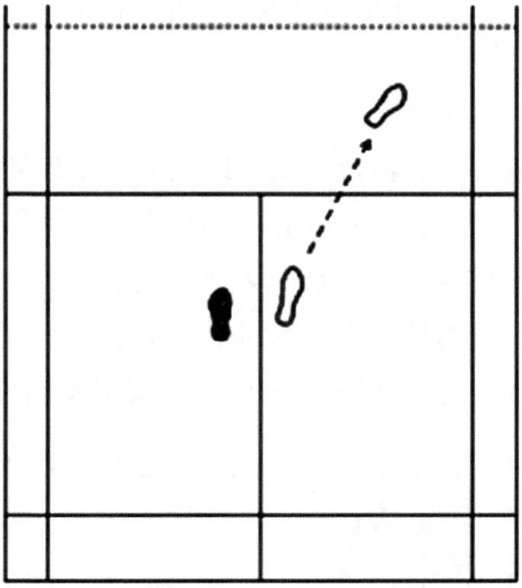

图 3-5　右前一步上网步法

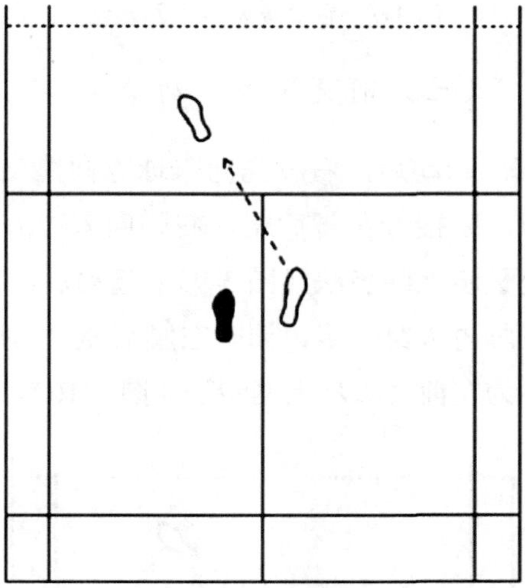

图 3-6　左前一步上网步法

（二）两步上网步法

起动后，左脚先朝来球方向迈出第一小步，同时左脚用力后蹬，右脚朝来球方向跨出第二大步，击球。击球后，左右脚立即向中心位置退步回位。向右前场上网，用正手击球，称为右前场两步上网步法（图 3-7）；向左前场上网，用反手击球，称为左前场两步上网步法（图 3-8）。

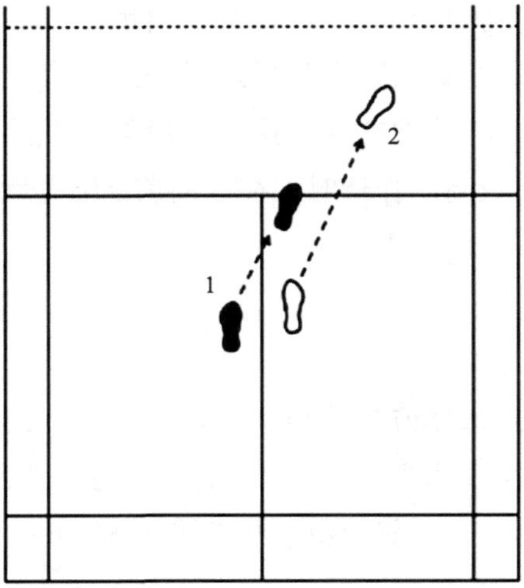

图 3-7　右前场两步上网步法

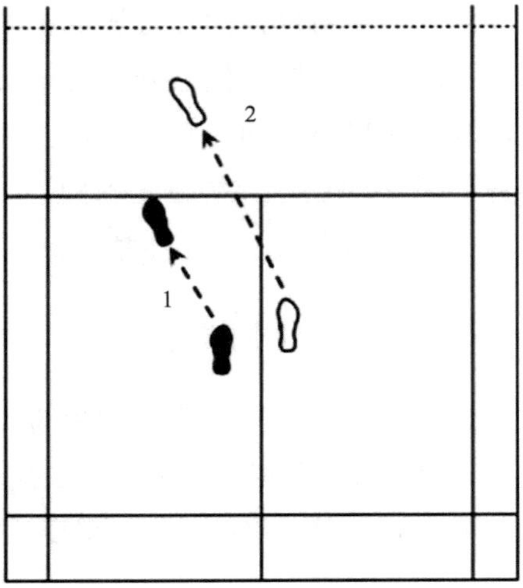

图 3-8　左前场两步上网步法

（三）前交叉步上网步法

起动后，右脚先向来球方向垫出第一步，左脚迈出第二步，落于右脚左前方，紧接着左脚后蹬，右脚向来球方向跨出第三大步，用正手击球，称为右前交叉步上网步法（图 3-9）；起动后，稍向左转身，以右脚向左前场迈出第一步，左脚再迈第二步，同时左脚后蹬、右脚向左前方跨出第三大步，并用反手击球，称为左前交叉步上网步法（图 3-10）。击球后，右左脚迅速向中心位置退步回位，

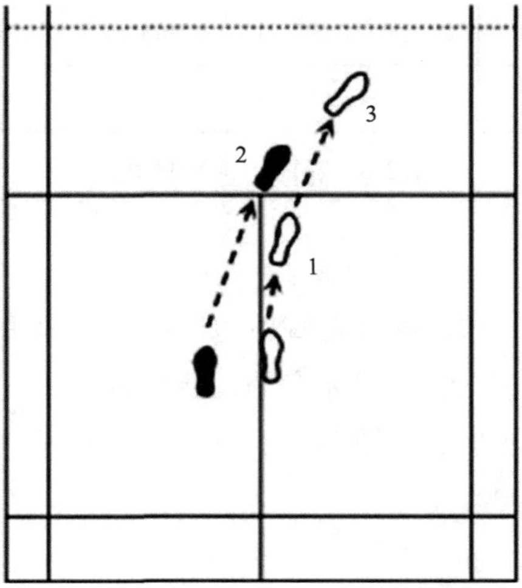

图 3-9　右前交叉步上网步法

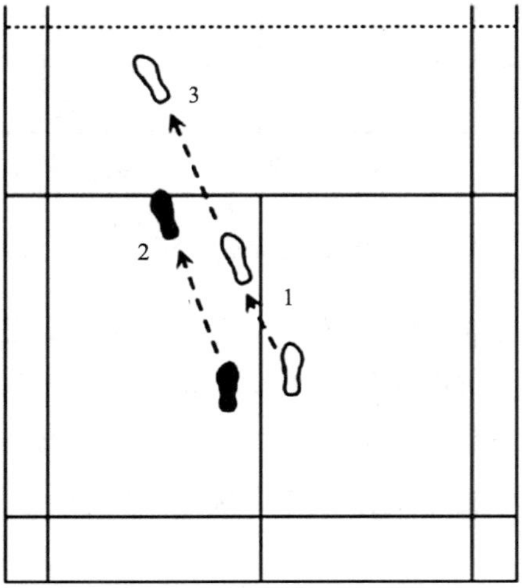

图 3-10　左前交叉步上网步法

并准备下一次击球的起动动作。

（四）后交叉步上网步法

起动后，右脚先向来球方向垫出第一步，左脚向右脚后交叉一步，紧接着左脚后蹬，右脚向来球方向跨出第三大步，用正手击球（图 3-11）。

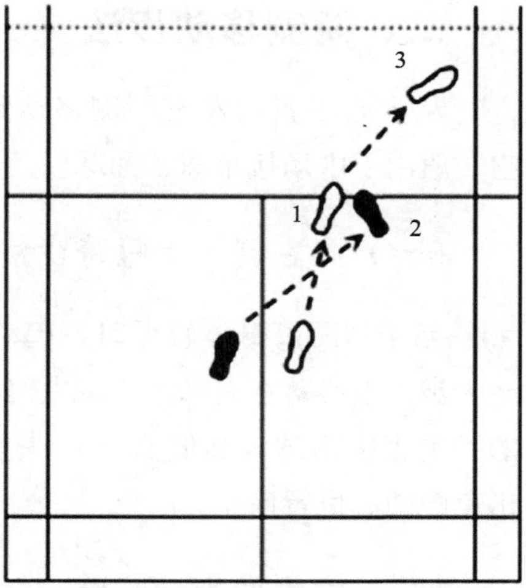

图 3-11　后交叉步上网步法

（五）并步上网步法

起动后，右脚先向身体右前侧来球方向迈出第一小步，左脚即刻向右脚跟并第二步，左脚一着地，马上用力后蹬，右脚向来球方向跨出第三大步，用正手击球，称为右前并步上网步法（图 3-12）；起动后，右脚先向身体左前侧来球方向垫出第一小步，左脚即刻向右脚跟并第二步，左脚一着地，马上用力后蹬，右脚向来球方向跨出第三大步，用反手击球，称为左前并步上网步法（图 3-13）。

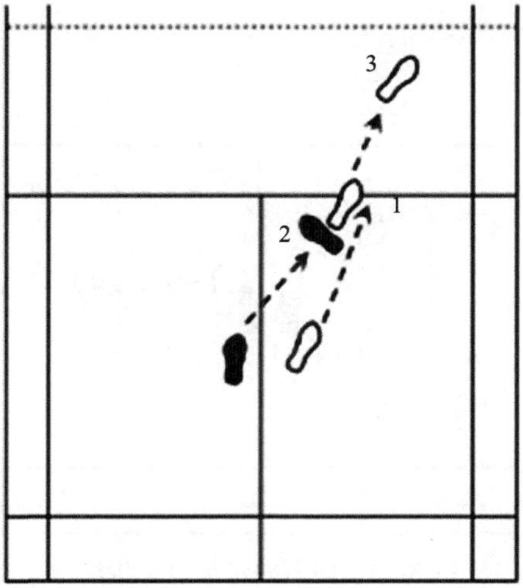

图 3-12　右前并步上网步法

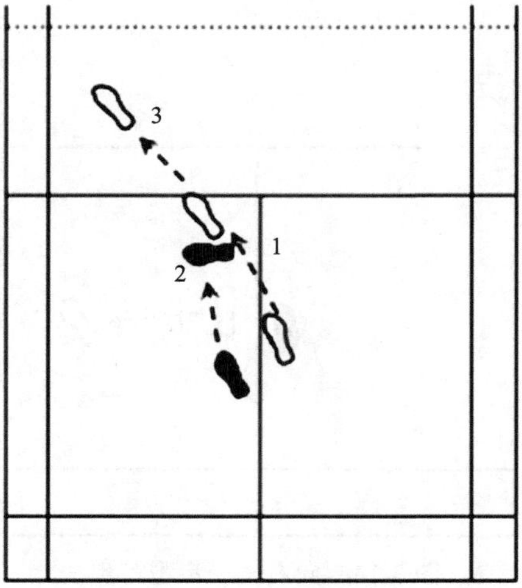

图 3-13　左前并步上网步法

二、两侧移动步法

从中心位置向左右两侧移动到击球点上击球的步法，称为两侧移动步法。它一般用于中场接杀球、抽球以及起跳突击等。

（一）向右侧一步蹬跨步法

当来球距离身体较近时，起动后，左脚掌内侧用力蹬地，右脚向右侧跨出一大步，重心落在右脚上，脚尖偏向右侧，以脚趾制动，上体略向右侧倾（侧倾的程度根据击球点高低而定），做正手抽、接杀挡球（图3-14）。击球后，右脚迅速向中心位置回位。

（二）向右并步加蹬跨步法

当来球距离身体较远时，起动后，左脚先向右并一步，紧接着以左脚掌内侧用力蹬地，右脚向右侧跨出一大步，重心落在右脚上，脚尖偏向右侧，以脚趾制动，上体略向右侧倾（侧倾的程度根据击球点的高低而定），做正手抽、接杀挡球（图3-15）。击球后，迅速向中心位置回位。

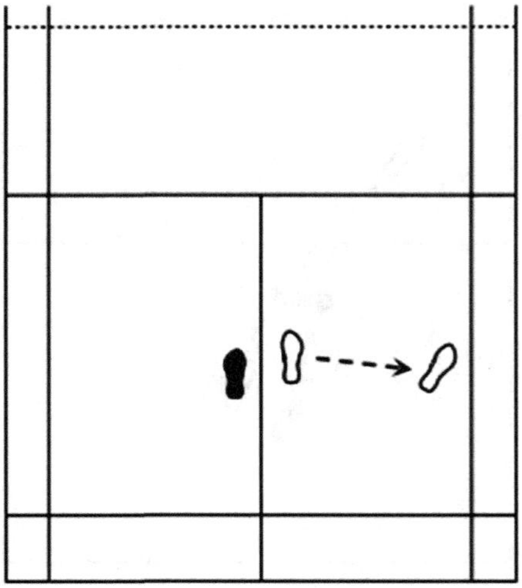

图3-14　向右侧一步蹬跨步法

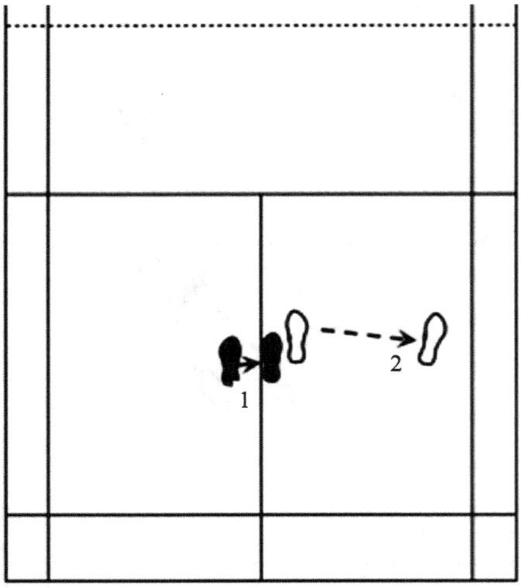

图3-15　向右并步加蹬跨步法

（三）向左侧一步蹬跨步法

当来球距离身体较近时，起动后，右脚掌内侧用力蹬地，同时向左转髋，左脚向左跨一步，重心落在左脚上，脚尖偏向左侧，以脚趾制动，上体略向左侧倒，做反手接杀击球（图 3-16）。击球后，左脚迅速回蹬，回到中心位置。

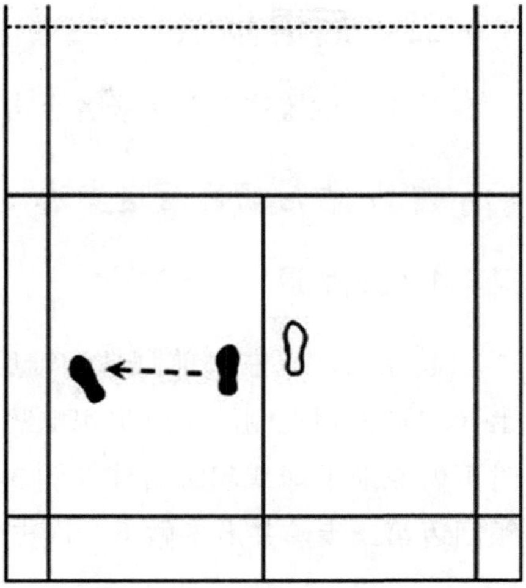

图 3-16　向左侧一步蹬跨步法

（四）向左侧蹬转跨步法

起动后，以左脚前脚掌为轴，向左转髋，同时，右脚经左脚前向左侧跨一大步，重心落在右脚上，以右脚趾制动，呈背对网姿势，上体略向前倾，做反手抽、接杀击球（图 3-17）。击球后，以右脚回蹬随即转成面对网，回到中心位置。

（五）向左垫步蹬转跨步法

当来球距离身体较远时，起动后，左脚先向左侧迈出一小步，落地后用力蹬地，同时右脚经左脚前向左侧跨一大步，重心落在右脚上，以右脚趾制动，呈背对网姿势，上体略向前倾，做反手抽、接杀击球（图 3-18）。击球后，以右脚回蹬随即转成面对网，回到中心位置。

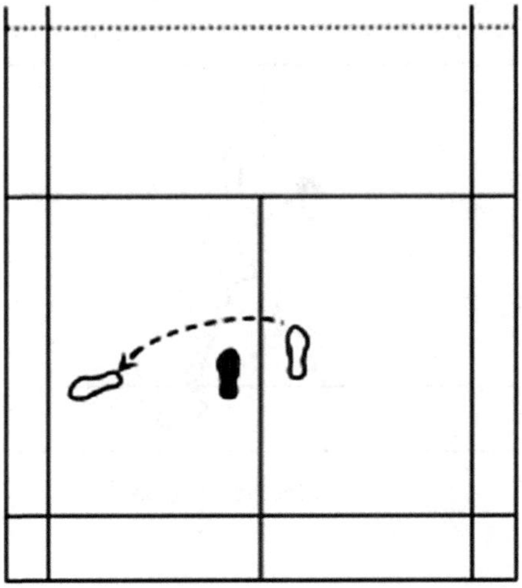

图 3-17　向左侧蹬转跨步法

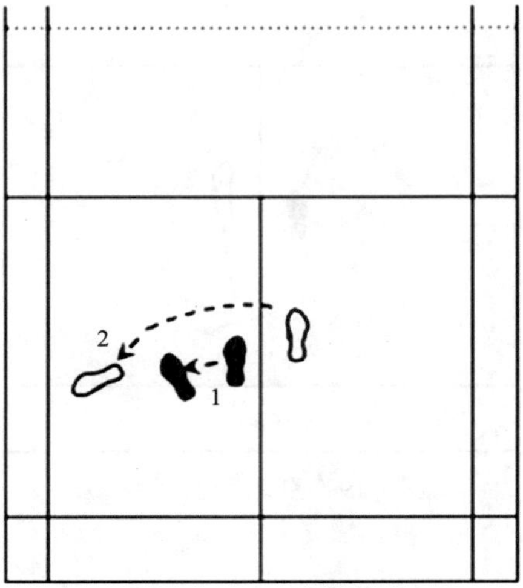

图 3-18　向左垫步蹬转跨步法

三、后退步法

从中心位置移动到后场各个击球点的位置上击球的步法，称为后退步法。

（一）右后场区后退步法

1. 侧身后退一步步法

起动后，以左脚前脚掌为轴后蹬，右脚向右后侧撤退一步，重心移到右脚上（右脚尖朝右侧，左脚尖也顺势略转向右），呈侧身对网姿势，准备击球，此时可做原地击球或起跳击球（图 3-19）。击球后，右脚向中心小步回迈，左脚紧跟回迈第二步，并准备做下一次击球的起动。

2. 侧身并步后退步法

起动后，以左脚前脚掌为轴后蹬，右脚往右后侧后退一步，左脚即刻往右脚并一步，紧接着右脚再向右后方撤一步，重心移到右脚上，呈侧身对网姿势，准备击球。此刻可做原地击球或起跳击球（图 3-20）。击球后，右脚向中心回迈，左脚紧跟回迈第二步，并准备做下次一击球的起动。

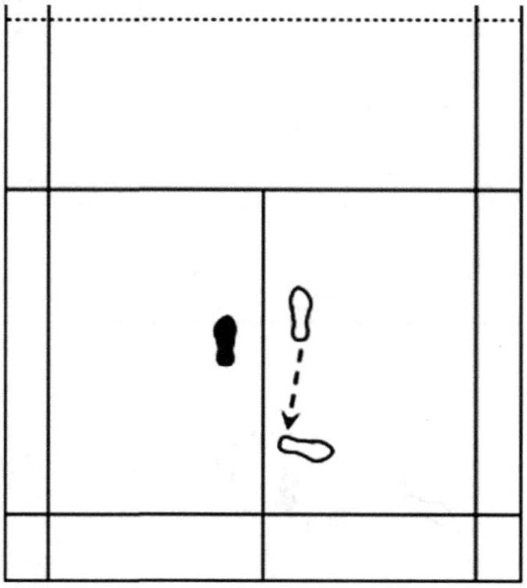

图 3-19　侧身后退一步步法

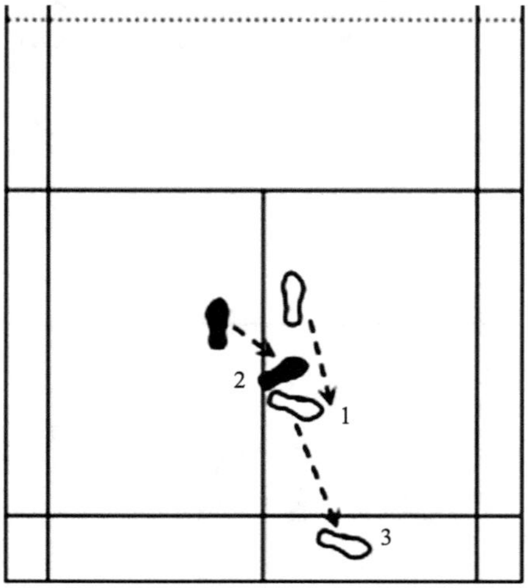

图 3-20　侧身并步后退步法

3. 侧身交叉步后退步法

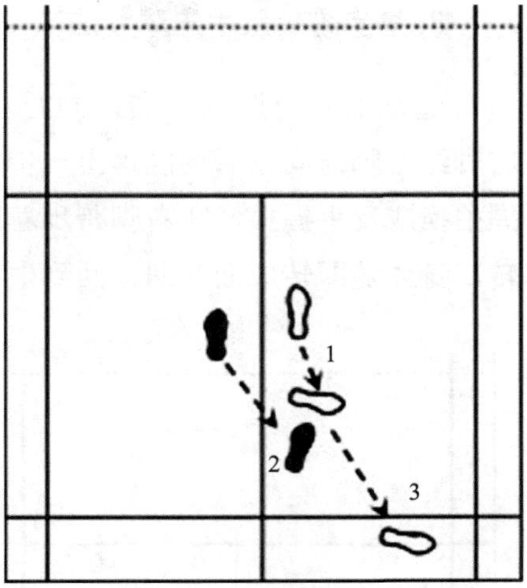

图 3-21　侧身交叉步后退步法

起动后，以左脚前脚掌为轴后蹬，右脚往右后侧后退一步，左脚即刻往右脚后交叉后退第二步，紧接着右脚再往右后撤一步，重心落在右脚上，呈侧身对网姿势。此刻可做原地击球或起跳击球（图 3-21）。击球后，右脚迅速向中心位置回迈第一步，左脚向中心位置回迈第二步，并准备做下一次击球的起动。

（二）左后场区后退步法

1. 交叉步后退头顶击球步法

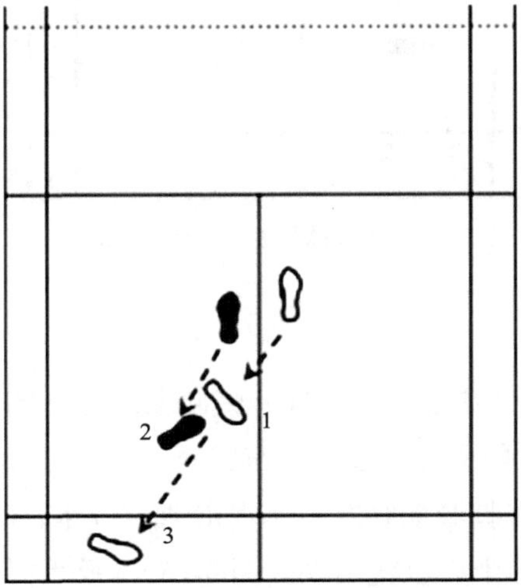

图 3-22　交叉步后退头顶击球步法

起动后，以左脚前脚掌为轴，右脚往右后蹬转（蹬转的角度应较大）向左后方撤一步，左脚即刻往身后交叉后退一步，紧接着右脚再往左后场退一步，重心落在右脚上，呈上体后仰面对网的姿势，可以做原地或起跳头顶击球（图 3-22）。如果起跳击球，向左后上方起跳，在挥拍击球的同时，两腿必须在空中做左腿后摆、右腿屈膝前跨的空中交换动作，左脚在身后先着地，上体前压，紧接着右脚在体前着地缓冲，向中心位置回动。

2. 蹬转一步反手击球步法

起动后，以左脚前脚掌为轴，右脚向左后方蹬转使身体转向左后方，同时，右脚经左脚前向左后场跨出一步，重心移到右脚上，呈背对球网姿势，并由正手握拍转换成反手握拍，击球后，右脚往右后方蹬转，身体随即转成面对球网，回到中心位置（图 3-23），反手握拍还原为正手握拍。

3. 垫步蹬转反手击球步法

起动后，上肢向左转，同时左脚后撤垫一步，紧接着以左脚前脚掌为轴，右脚经左脚前向左后场区跨出一步，重心移到右脚，呈背对球网姿势，并由正手握拍换成反手握拍，在右脚跨步着地时发力反手击球。击球后，右脚往右后方蹬转，身体随即转成面对网，回到中心位置（图 3-24），反手握拍还原为正手握拍。

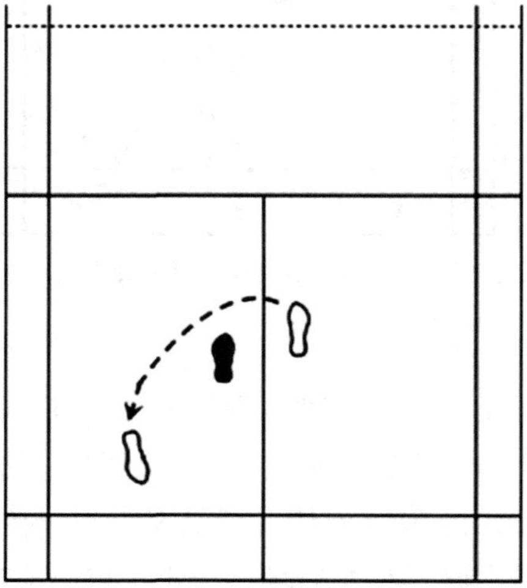

图 3-23　蹬转一步反手击球步法

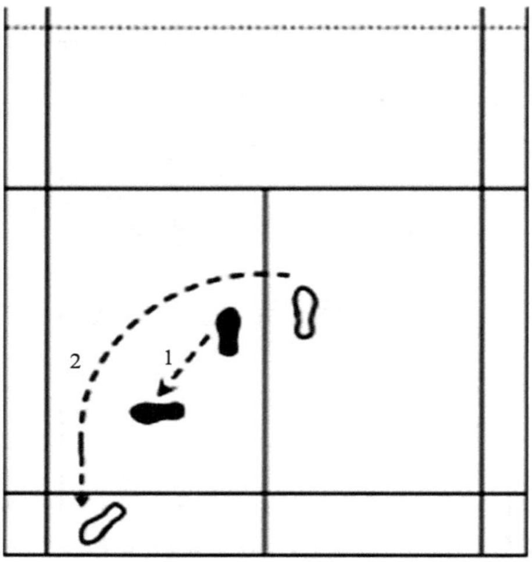

图 3-24　垫步蹬转反手击球步法

4. 蹬转交叉步反手击球步法

起动后，以左脚前脚掌为轴，右脚向左后方蹬转，使身体转向左后方，同时，右脚经左脚前向左后场区跨一步，呈背对网姿势，接着，左脚迈一步，右脚再跨一步，并由正手握拍换成反手握拍，在右脚着地时发力反手击球。击球后，右脚往右后方蹬转，身体随即转成面对网，向中心位置回动（图 3-25），反手握拍还原为正手握拍。

5. 左垫步蹬转后交叉步正手头顶击球步法

起动后，右脚前脚掌蹬地，左脚向左后方撤一步，重心落在左脚上，接着左脚蹬转（蹬转的角度较大），继续向左后方垫第二步，右脚再往左后场交叉步退第三步，重心落在右脚上，呈上体左倾斜后仰面对网的姿势，做正手头顶击球，击球后左脚在身后左侧先着地，上肢前压，紧接着右脚在体前着地缓冲，向中心位置回动（图 3-26）。

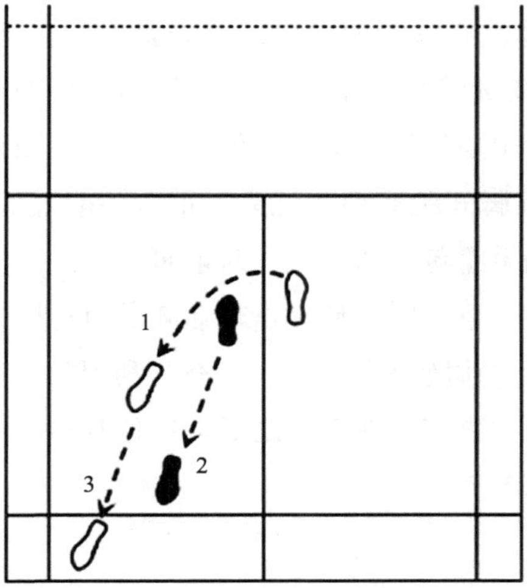

图 3-25　蹬转交叉步反手击球步法

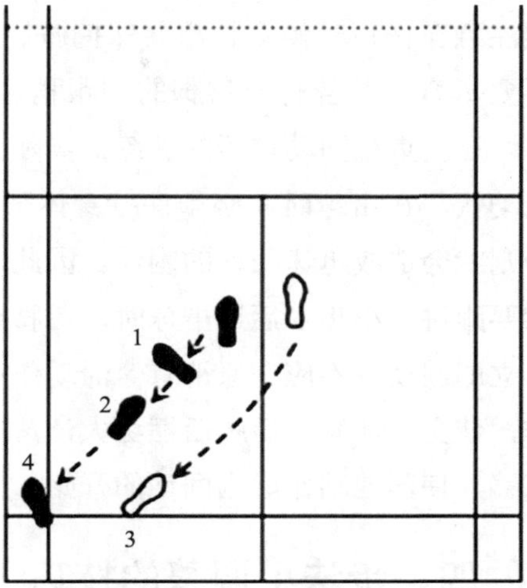

图 3-26　左垫步蹬转后交叉步正手头顶击球步法

第三节　步法训练应注意的事项

一、站位姿势要有合理性

站位姿势与良好的步法有很大关系，在不同情况下有不同的站位姿势。接发球时，以左脚在前、右脚在后为宜（右手握拍），这有利于正手回击。除接发球外，一般情况下，站姿多采用右脚稍前、左脚稍后的站法，这样便于上网与后退。当被动接杀球时，两脚开立，以利于向两侧移动，同时重心降低，以利于向两侧起动。

二、步法起动及回位要有节奏性

步法有起动、回动、再起动的节奏。对方击球的瞬间也是本方回动至中心位置起动的瞬间，节奏的快慢是由击出球的弧度、落点、速度及对方可能回击球的速度决定的。击完球后不能盲目回动，还要注意对手击球动作的节奏，以免被假动作欺骗。

三、起动、回位要有技巧性

要想起动快，除了要提高判断能力之外，还应注意起动前的动作姿势，必须注意在任何时候双膝都要保持微屈，身体重心移至前脚掌。躯干要稍微前倾，不要挺直，并且有一只脚的脚跟稍提起。在训练中，不仅要重视起动技巧的训练，还要重视回动技巧的训练，实际上回动也是快速移动步法的关键环节。要想回动快，在击球时就必须保持身体平衡，双脚间距离不能过大，重心不能过低，否则就会造成迅速回动的困难。因此，起动至蹬跨步后，上网时前脚要制动，后脚要跟进一小步；后退击球时，后脚要支撑住重心的后移，击球后随着重心的前移立即回动，不应在原地有停滞动作；后退起跳腾空击球时，要充分利用收腹动作，使身体前倾，后脚后摆更大，落地时支撑脚应落在重心之后，以便身体重心前移，使落地动作成为回动的开始。

四、步法小调整的技巧

羽毛球运动的五种基本步法即垫步、并步、跨步、蹬步、跳步，组合成向前后左右移动的专项步法，根据临场的实际情况，特别是在被动的情况下，需要有所调整，而步法的小调整多是由垫步和并步来进行的，调整好才能达到步法的连贯。

第四节　步法中常见的错误及纠正方法

一、反向移动

常见错误：

球的落点在后场却向前场移动；球的落点在网前却后退移动；来球在左方却向右移动；来球在右方却向左移动。

纠正方法：

反向移动主要是由判断错误而提前移动造成的，应多进行比赛，提高对假动作及出球路线的识别和判断能力。

二、反应慢，移动慢

纠正方法：

1）应保持良好的准备姿势，每击完一次球后，就要回到中心位置（单打尤为重要），做好准备姿势，尤其要关注提踵、屈膝和全身自然协调。

2）通过多球练习（或按手势指令），做反应起动练习。

3）通过跳绳、跳石阶、跳沙坑、负重提踵等练习，增强脚弓、踝关节和下肢的力量。

4）将各种步法练正确，反复练习。

三、步法与击球动作配合不协调

纠正方法：

关键要做到最后一步正确。上网时，最后一步右脚在前，重心在右脚上，步幅宜大；后退时，最后一步右脚在后，重心在右脚上；向右侧移动时，右脚在前，重心在右脚上；向左侧移动时，可视情况左脚在前或右脚在前，重心应在前面一只脚上。

四、击球后不回中心位置

纠正方法：

1）依手势的指令，在羽毛球场地上反复做起动、到位挥拍“击球”、回动的练习，可用多球练习。

2）进行耐力与速度耐力的训练，以提高移动能力。

第五节　步法的练习方法示例

步法练习分单个步法练习和综合步法练习。

一、单个步法练习

初练习步法时，首先应徒手按照各种步法的动作要领，一步一步分解，之后进行单个步法练习。这一阶段主要是体会出脚的顺序及击球前最后一步的姿势。

二、综合步法练习

在熟练掌握各单个步法的基础上，可将几个单个步法组合起来进行全场性的综合步法练习。

1）固定移动路线的步法练习。在固定的移动路线上，熟悉各个单个步法的跑动路线，如从中心位置开始，先后退到正手底线，然后回到中心位置，再上到右网前，接着再回到中心位置，如此反复。

2）不固定移动路线的步法练习。在较熟练地掌握向各个固定路线的移动步法后，就可以进行不固定路线的全场移动练习了，如一人用手作指向，指挥练习者到网前或后场，多做一些无规律的指向，使练习与实战结合起来。

3）回击多球步法练习。一人将多球先后发到练习者的前、后、左、右场区，使练习者运用各种步法去击球。

第四章 羽毛球运动的战术与训练法

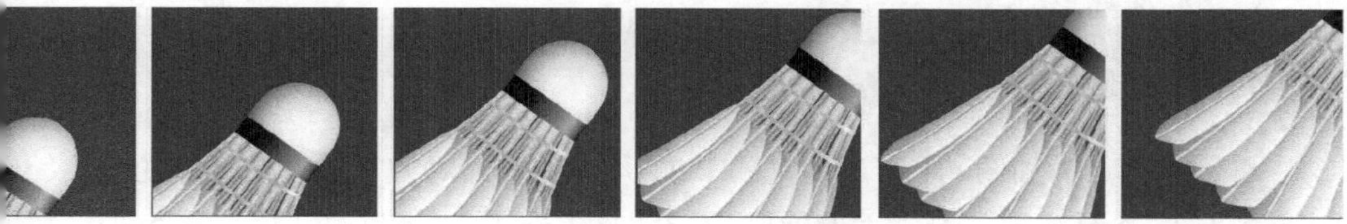

战术是指运动员在比赛中为表现出高超竞技水平战胜对手而采取的计谋和行动。中国羽毛球战术的指导思想是“以我为主、以快为主、以攻为主”，其技术风格是“快速、凶狠、准确、灵活”。对技术的要求是“快”字当头，基本技术要全面、熟练、特长突出，进攻点多，封网积极，杀劈凶狠，防守刁稳，以攻为主，能攻善守，达到全面结合，运用正确。技术与战术是相互作用和影响的，技术运用中带有战术意图，战术靠技术来体现。在学习和掌握基本击球技术的同时，必须加强击球战术意识的培养，除了要打得“巧”外，还要应用得“妙”。不仅要懂得怎样击球，更重要的是还要懂得在什么情形下击什么样的球、击到什么位置去，使击出的每一个球都具有战术意义。选择战术首先不能脱离自己的实际情况，要根据自己的技术水平、打法、身体素质和心理素质等情况，在击球一瞬间选择对自己有利的回击球路。“以己之长，克敌之短”或“以己之短，克敌之劣”，是最正确、最有效的战术选择。

第一节　羽毛球运动的单打战术与训练法

战术是指运动员在比赛中根据双方的情况合理运用技术，有针对性地组织自己的球路以争取胜利的策略。在双方技术水平相当的情况下，正确运用战术就成了决定胜败的关键。因此，在抓好技术和身体素质训练的基础上，必须重视战术训练。

一、单打战术类型

（一）发球战术

1. 发球区域

将发球落点为如图 4-1 所示的 1、2、3、4 号位置。对方右接发球区域的网前两角为 1、2 号位置，对方右发球区的后场两角为 3、4 号位置，也可将 2、4 号位置称为接近中线的前后两点，1、3 号位置称为靠近边线的前后两点。

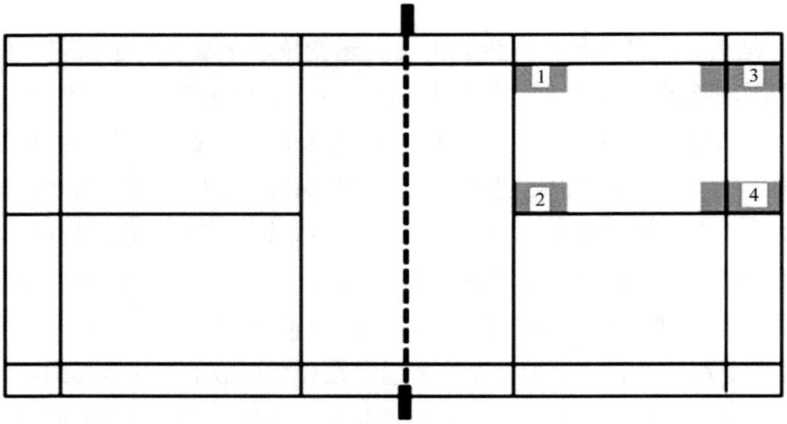

图 4-1 发球落点位置

2. 发球抢攻战术

发球抢攻战术是由发前场区球、发平高球、发平射球 3 种技术组成，在进行发球抢攻战术时，应根据对手的站位、回击球的习惯球路、反击能力、打法特点、精神和心理状态等情况，运用不同发球来组织，以取得前几拍的主动权。

（1）发前场区球抢攻战术

发前场区球，落点在 1、2 号之间的位置，即前发球线附近的球或发追身球（图 4-2）。

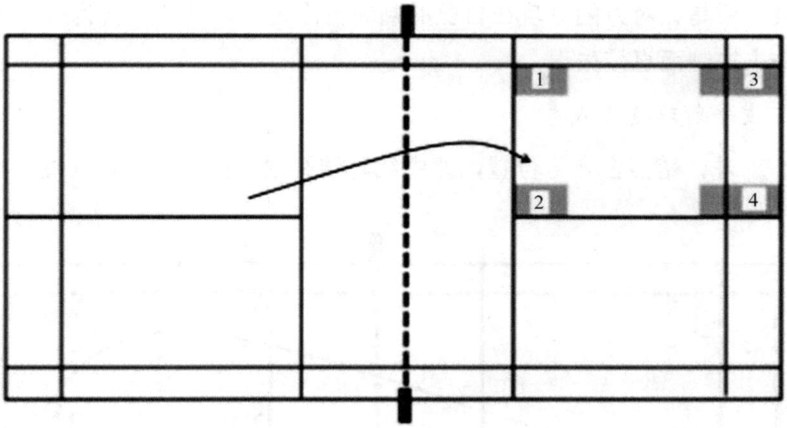

图 4-2　发前场区 1、2 号中间位置球

发前场区球的战术目的主要是限制对方，立即进行攻击，其次是通过准确、有意识地判断对方的回击球路，组织发动快速、强有力的抢攻，一般情况下，以发前场区的追身球或前场区中间球为主。

（2）发平高球抢攻战术

发平高球，落点在 3、4 号之间的位置，即端线附近的区域的发球（图 4-3）。

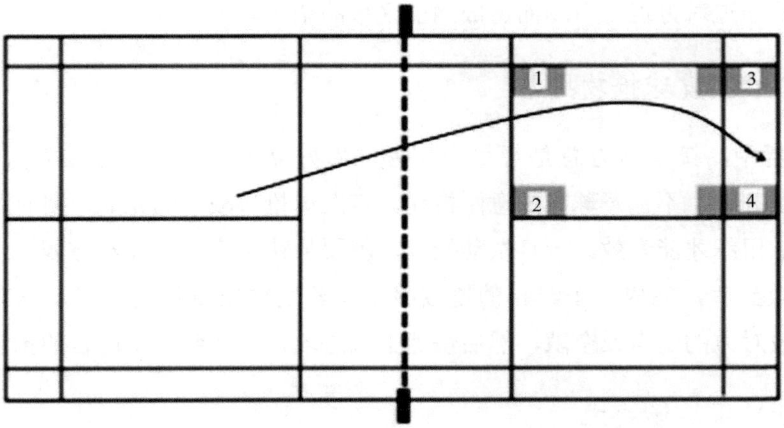

图 4-3　发 3、4 号位置端线附近区域的球

发平高球的战术目的主要有三个：一是配合发前场球抢攻；二是让对方盲

目地进攻，或是让对方的进攻在自己的判断范围之内，从防守转为进攻；三是造成对方失去控制而直接失误。

（3）发平射球抢攻战术

发平射球，落点在4号位置，即中线与端线附近区域的发球（图4-4）。

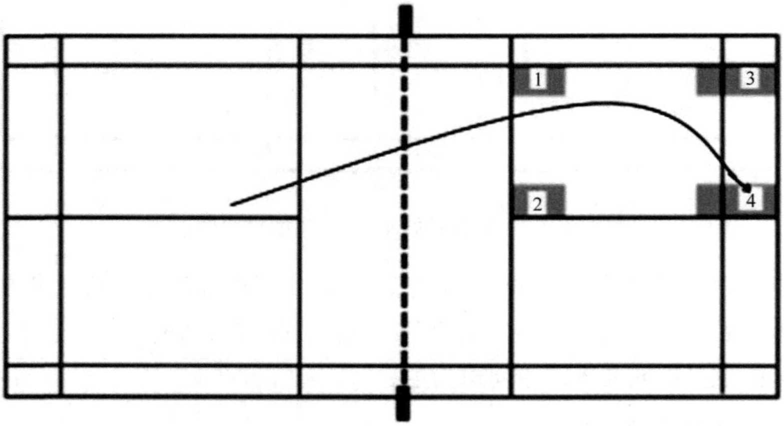

图4-4　发4号位置中线与端线附近区域的球

发平射球的战术目的有两个：一是偷袭，如对方反应慢或是站位偏离中线，中线与端线附近区域空隙大，发球成功率较高；二是逼对方采取平抽快挡的打法；三是逼迫对方退至后场而造成网前区域的空当。

（二）接发球抢攻战术

比赛中，接发球方总是想尽一切办法做好充分准备，来还击对方的发球，以求后发制人，不让发球方的意图得逞。接发球抢攻战术的完成，要有两三拍抢攻路线的组织才能奏效。一旦发动抢攻，就要加快速度，抓住对方弱点或习惯路线，一攻到底，完成一个组合的抢攻战术。若发球质量不高，接发球有抢攻机会，就攻对方的弱点或空隙，然后快速上网进攻，以达到这个回合的抢攻目的。

（三）压后场战术

压后场底线战术：压对方后场底线就是运用高远球或进攻性的平高球，逼迫对方退至后场击球，当对方回击的球不到位时，就用扣杀球制胜；或当对方站位偏后且疏于前场防守时，就用吊球轻取。这类战术主要是力量及后场高、吊、杀技术等方面的较量，作为初学者，这种战术是必须首先学习的基础打法（图 4-5）。

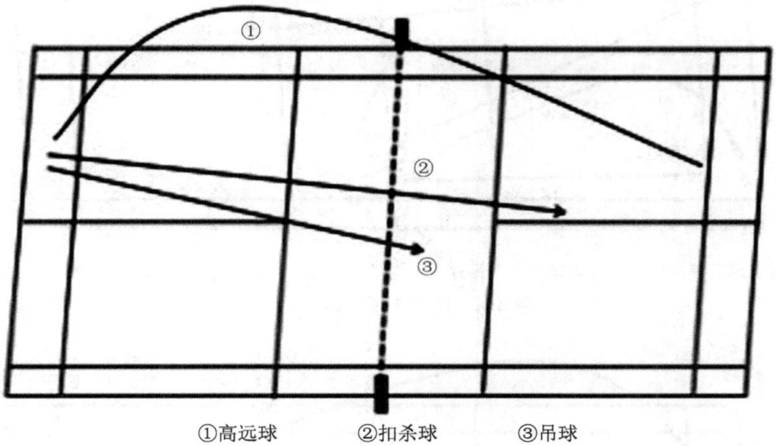

图 4-5　压后场战术

（四）四方球结合突击战术

四方球结合突击战术，就是在前场以放网前球、搓球、挑球、推球，在后场则是以高远球、平高球、吊球等基本技术，准确地将球击至对方场区前后左右四个角落，调动对方在场区内前后左右地跑动，待对方回位不及时或回球不到位时，出现空当就主动进攻取胜。这一打法要求步法灵活、防守好，且有较好的控球能力，落点准确（图 4-6）。

（五）杀上网、吊上网战术

以下压为主，控制网前。这种打法主要是运用后场的扣杀、劈杀和吊球等基本技术，先发制人，然后快速上网，以搓、扑、勾、推等基本技术，通过抢高点控制网前，即“杀上网”的打法。这种打法属于进攻型的打法，要求有较好的后场下压技术和身体素质，准确控制落点且快速上网抢高点控制网前，同时，对速度耐力、力量耐力也有较高的要求。这一打法体力消耗大，当遇到防守技术好的对手时，体力往往就成为决定比赛胜败的关键因素（图 4-7）。

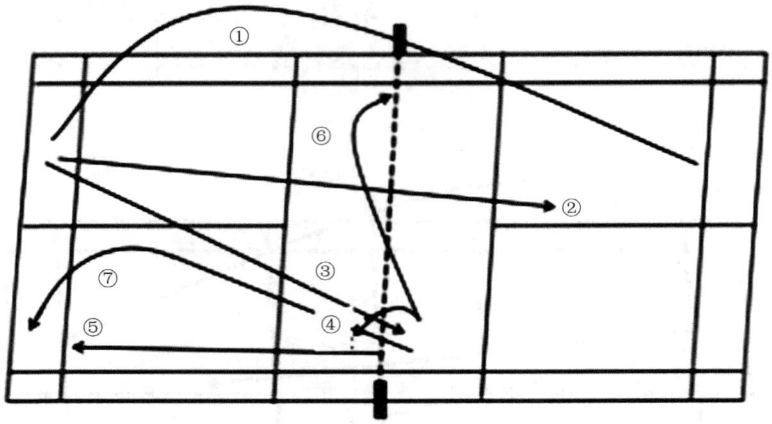

①高远球、平高球　②杀球　③吊球　④搓、放球　⑤推球　⑥勾对角球　⑦挑球

图 4-6　四方球结合突击战术

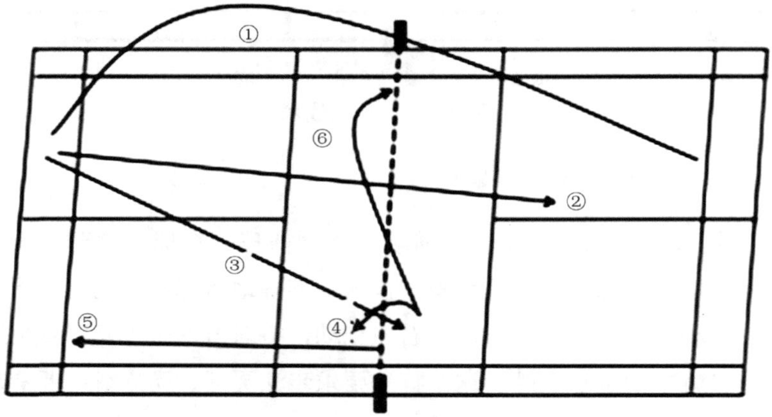

①高远球、平高球　②杀球　③吊球　④搓、放球　⑤推球　⑥勾对角球

图 4-7　杀上网、吊上网战术

（六）拉开突击（快拉快吊、控制网前）战术

这一战术通过以平高球快压对方后场底线两角，配合快吊或劈杀网前两角使对方上网，当对方被动回击网前球时，迅速上网控制网前，以网前搓、勾球结合推后场两角，压迫对方，使对方回球不到位，为前场扑杀及中、后场大力扣杀创造机会。这种打法也属于进攻型打法，积极主动，快速进攻，要求运动员有较好的身体素质，尤其是要有速度耐力和全面熟练的技术，同时还需具备突击进攻

的特长。

（七）守中反攻战术

这一战术用平高球和快吊球击向对方前后左右四个角，来调动对方使其进行跑动，使对方先进攻，自己则加强防守，以刁钻的落点和多变的球路调动对方，当对方回球不到位时，抓住机会进行突击取胜，或使对方在匆忙中勉强进攻，造成其失误。这种打法属于防守型打法，要求运动员有较强的速度耐力、较强的变速能力和较快的反应能力。这种打法需要判断准、步法灵活、防守范围大、控制与反控制能力强，同时还需具备反攻突击的能力。

二、单打战术常出现的问题

（一）打法单一

常见的单打战术包括发球战术，接发球抢攻战术，压后场战术，四方球结合突击战术，杀上网、吊上网战术，拉开突击（快拉快吊、控制网前）战术和守中反攻战术。打法单一，是指在单打比赛过程中，如果不能灵活运用战术或是战术执行意图不明显，球路简单，战术变化少，没有节奏的变化，则造成打法单一，很容易被对方识破，不仅不能限制对方，还会造成威胁，使自己陷于被动。

（二）回球不到位

在单打比赛中，执行战术时首先要回球到位或回球质量高，使对方回击每一拍都要全力以赴，跑动范围大，消耗体力，回球不到位或是回球质量不高，给自己创造机会。如果自己回球不到位或是回球质量差，就是给对方创造机会，易造成被动局面，无法执行战术意图，就只能跟着对方的节奏打球，很难获得主动。

（三）战术意图不清晰

比赛中战术意图应明确，执行战术时要坚决，且要有目的性，打完一拍一定要想着下一拍。比赛中要善于发现对方的弱点，在执行某一个战术以造成对方失误，此时战术意图要清晰明确，抓住对方的弱点，为自己创造更多的机会。若是战术意图不清晰，回球没有目的，只是一味地将球回击到对方场地，对回球的落点方向没有任何意图，打球不积极、不主动，则容易受到对方牵制，使自己处于劣势。

三、单打战术训练法

（一）单个技术的战术练习

1）重复平高球战术练习。练习者击平高球至对方后场区，重复多拍平高球练习（图 4-8）。

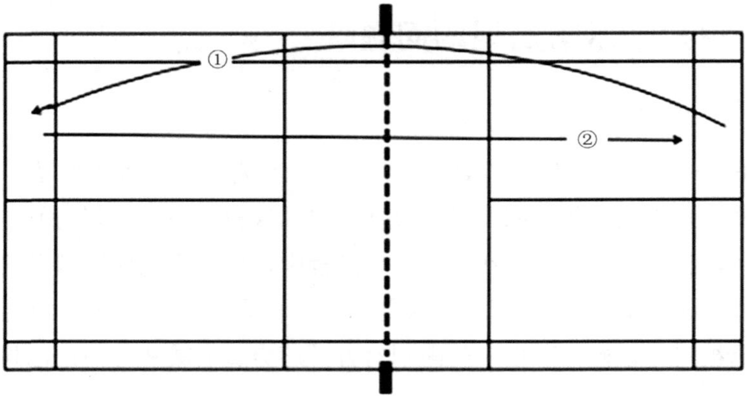

图 4-8　重复平高球战术

注：图中序号代表回球线路的顺序。图 4-9 至图 4-11 同此

2）拉开两边平高球战术练习。练习者使用平高球或挑平高球方法连续攻击对方的两边后底线（图 4-9）。

3）重复吊球练习。练习者重复吊两边球或吊一点球，以获得吊球的稳定性（图 4-10）。

4）快慢结合的吊球战术练习。快吊是指将球从后场吊至网前的速度较快，出球基本成一条直线，落点离网较远。慢吊是指将球从后场吊至网前的速度较慢、弧度较大，落点离网较近。练习者主要进行快慢吊球的结合练习。

5）重复杀球进攻战术练习。练习者要调整好自己的位置，进行杀球，将球击至陪练者附近，陪练者将球回挑至半场，练习者重复杀球（图 4-11）。

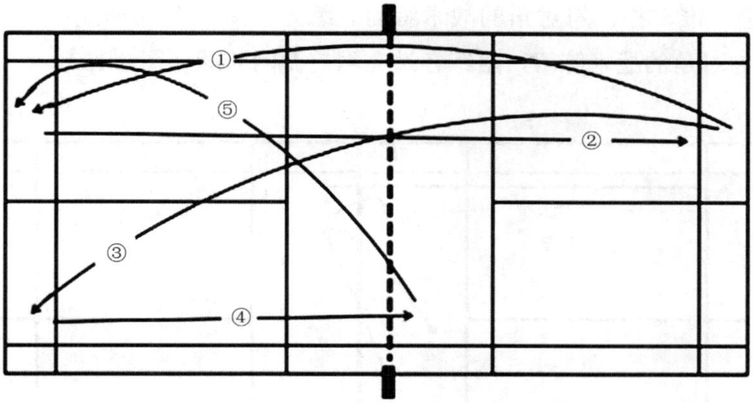

图 4-9 拉开两边平高球战术

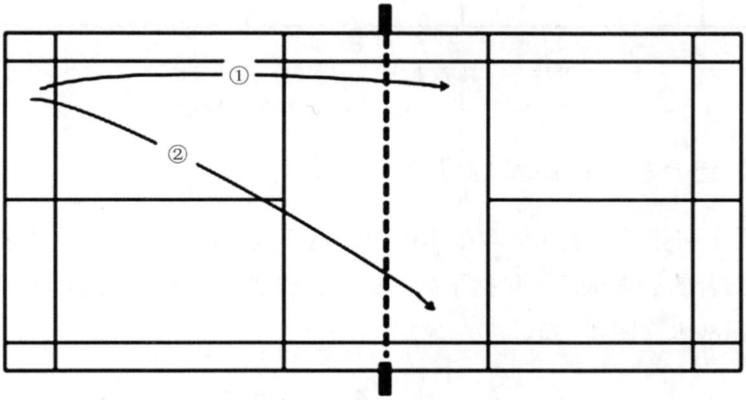

图 4-10 重复吊球

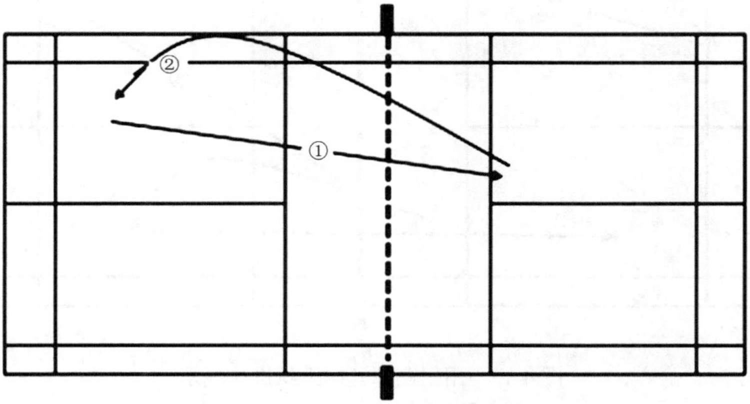

图 4-11 重复杀球进攻战术

6）搓、推、扑、勾对角的战术练习。练习者采用多球形式在网前进行搓、推、扑、勾对角的战术练习，陪练者站在网前抛网前球（图 4-12）。

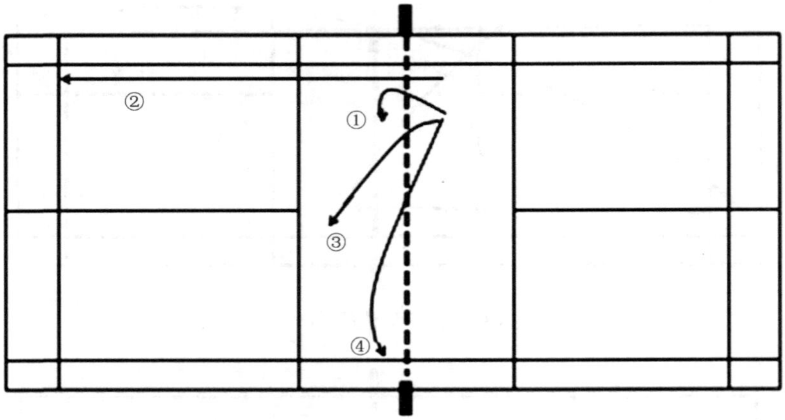

①搓球　②推球　③扑球　④勾对角

图 4-12　搓、推、扑、勾对角的战术

（二）组合技术的战术练习

1）用平高球开始组织进攻战术练习。这一战术练习，是练习者进行快拉快吊与突击结合的战术练习，包括平高吊结合突击战术、平高吊结合吊劈战术、平高结合杀吊战术（图 4-13）。

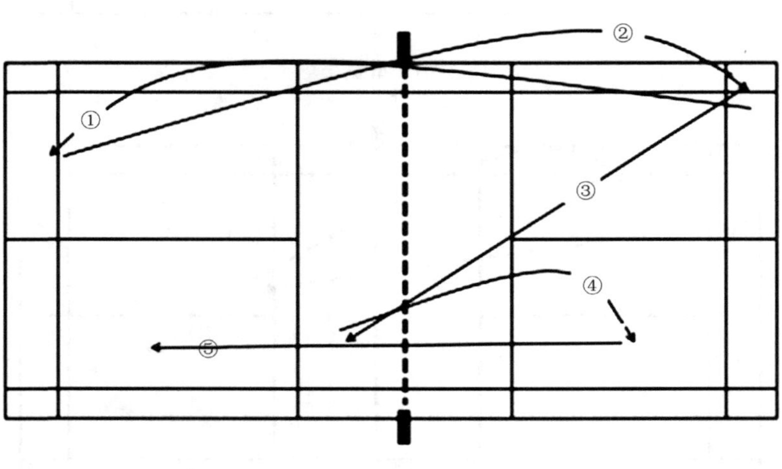

图 4-13　用平高球开始组织进攻战术

注：图中序号代表回球线路的顺序

2）用劈吊开始组织进攻战术练习。这种战术也称吊杀控制网前进攻的战术，包括吊上网用搓、推、勾技术创造突击进攻战术和吊杀进攻战术。陪练者发半高球，练习者吊球或杀球，陪练者将来球回击到网前，练习者吊或杀上网，将来球用搓、推、勾回击过网（图 4-14）。

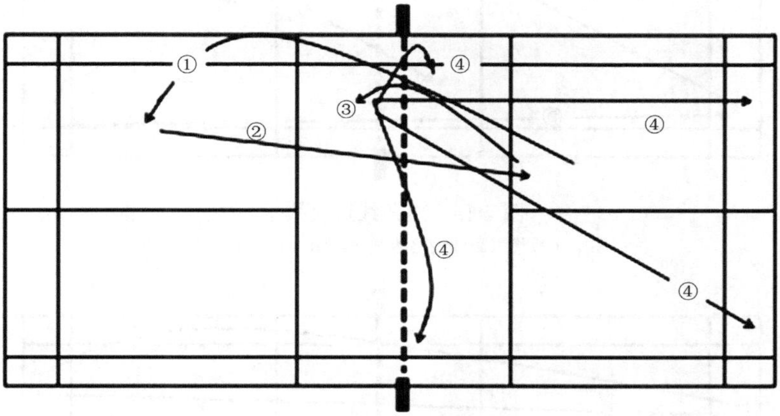

① 高远球　② 杀球或吊球　③ 回击至网前　④ 用搓、推、勾技术回击

图 4-14　用劈吊开始组织进攻战术

3）用杀劈开始组织进攻战术练习。练习者以快速杀劈上网，用搓、推、勾或扑的技术控制网前。

4）控制网前球开始组织进攻战术练习。练习者在网前击网球时主要用搓扑、推、勾和扑的技术回击球来控制网前。

（三）路线和区域战术练习

1）对角线进攻战术练习。练习者无论用什么技术，都是回击对角线线路来组织的战术练习，陪练者回击直线球，练习者回击对角线路（图 4-15）。

2）三角线路进攻战术练习。练习者将来球回击至对角线，陪练者回击对角线球，练习者再回击直线球（图 4-16）。

3）固定区域进攻战术练习。在固定进攻区域，练习者将所有来球都回击至规定区域内（图 4-17）。

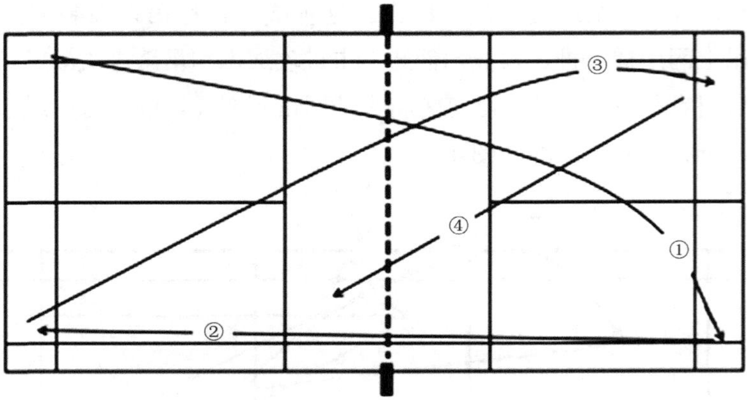

图 4-15　对角线进攻战术

注：图中序号代表回球线路的顺序。图 4-16 和图 4-17 同此

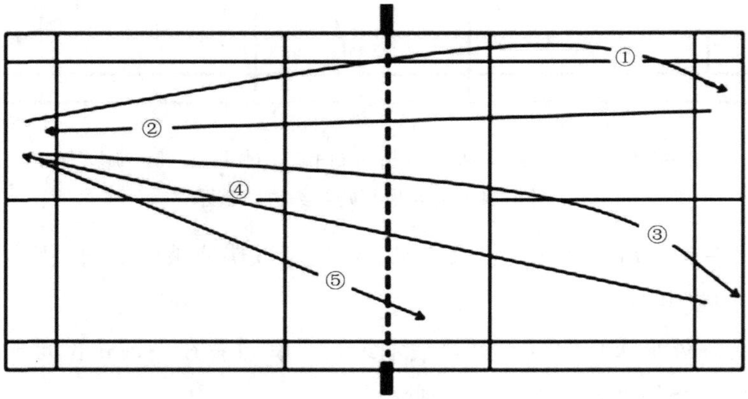

图 4-16　三角线路进攻战术

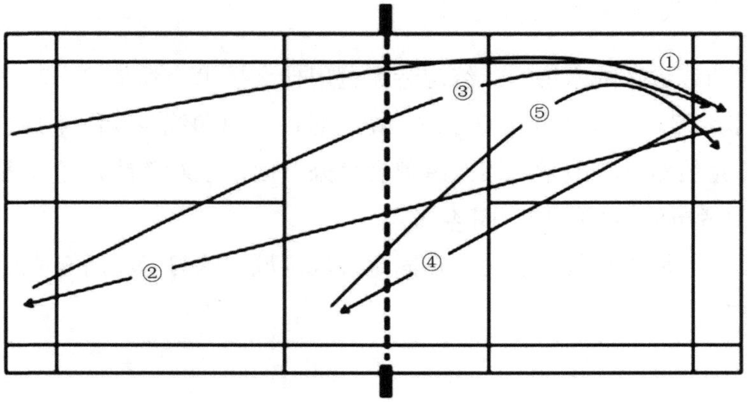

图 4-17　固定区域进攻战术

第二节　羽毛球运动的双打战术与训练法

羽毛球运动的双打是在单打的基础上，双方各增加一名球员，而场地宽度仅增加 92 厘米，接发球区还比单打缩短了 76 厘米。因此，双打从发球开始就形成了短兵相接的局面。由于进攻和防守都加强了，这就更加要求运动员的技术要全面，能攻善守，反应灵敏，特别是对发球、接发球、平抽、挡、封网、扑、连续扣杀、接杀挑高球及防守反击等诸多技术的要求更高。两名队员配合默契，相互信任，在打法上攻守衔接以及在站位轮转上协调一致，是打好双打比赛的关键。

一、双打战术站位与分工

规则规定，双打除发球和接发球外，两位选手不受击球次数和击球方位的限制。双打比赛从发球开始就形成了平、快、近、狠的短兵相接局面。在快速对抗中，两人在技战术攻守衔接、站位及跑动轮转等方面都要默契配合、协调一致，才能打好双打比赛。遵循双打的基本站位、分工及换位要求，可以有效地避免两人由于分工不明确、配合不默契造成的互相抢球或退让漏接等现象。

（一）进攻状态下的站位与分工

两人前后场站位，前场选手的站位在前场发球线附近，负责处理在前发球线以前区域的来球，后场选手站位在双打后发球线稍前的位置，负责处理中、后场大部分区域的来球（图 4-18）。

混合双打进攻站位的方法和双打一样，采用前后站位，区别是女选手一般站在前场位置，负责处理前发球线以前区域的来球，而男选手主要站在后场位置，负责处理中、后场大部分区域的来球，负责的范围较双打后场选手要大。

（二）防守状态下的站位与分工

双打防守采用平行分边防守站位，即两人分别在左右场区的中心位置（图 4-19），原则上负责处理各自半场区域的来球。当来球击至两人的结合部位（即中路球）时，回击球由处于正手击球位置的选手负责。

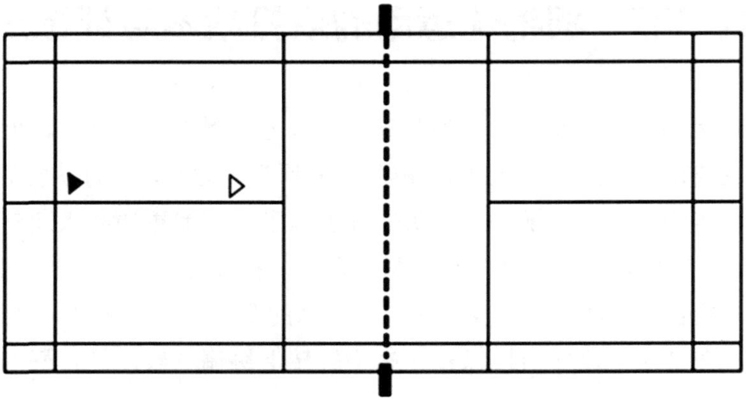

图 4-18　双打的前后站位

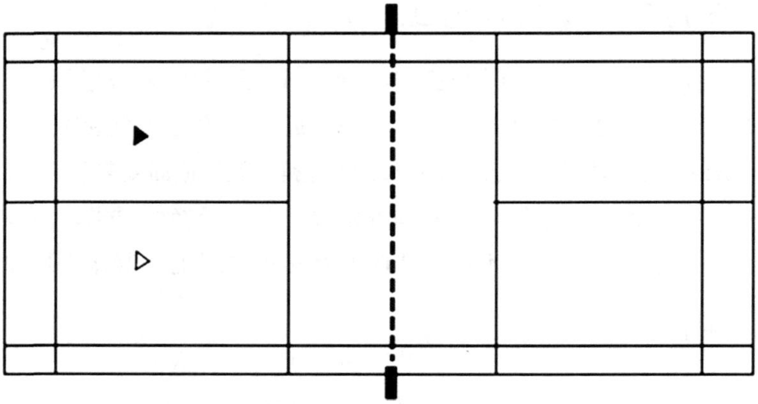

图 4-19　双打平行站位

站位不是固定不变的，无论采用哪种站位方法，两人都要均衡合理站位，以照顾到全场范围的各个位置。

二、双打基本换位方法

在一场双打比赛中，某一方不可能总是处于进攻或总是处于防守，比赛的激烈对抗使得双方总是在防守与进攻中不停地转换。

（一）双打进攻转防守的换位方法

前后进攻站位时，当前场的运动员被迫从网前挑高球后，应迅速直线后退至半场的中心位置（图 4-20 中的△），准备防守。在后场的运动员（图 4-20 中的▲）应配合从后场向前补位至另一侧半场的中心位置，转换成平行防守站位，此时形成了由进攻转入准备防守的站位。

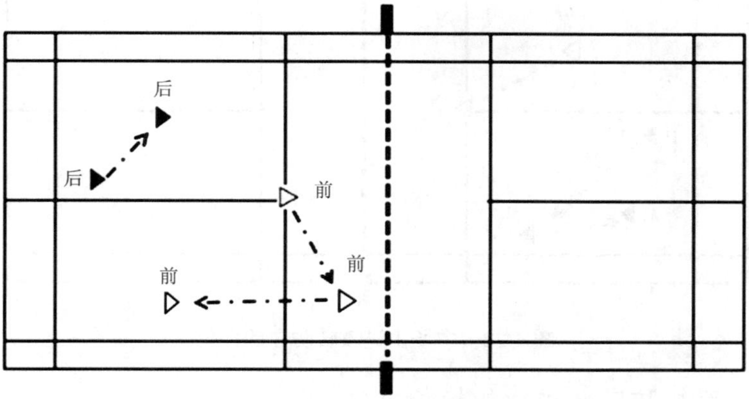

图 4-20　前场由进攻转防守的换位

前后进攻站位时，当后场的运动员（图 4-21 中的▲）从后场击出高球后，应向前回位至击球位置同侧的半场中心位置。前场运动员（图 4-21 中△）应迅速配合从前场退位至另一侧半场的中心位置，转换成平行防守站位准备防守。

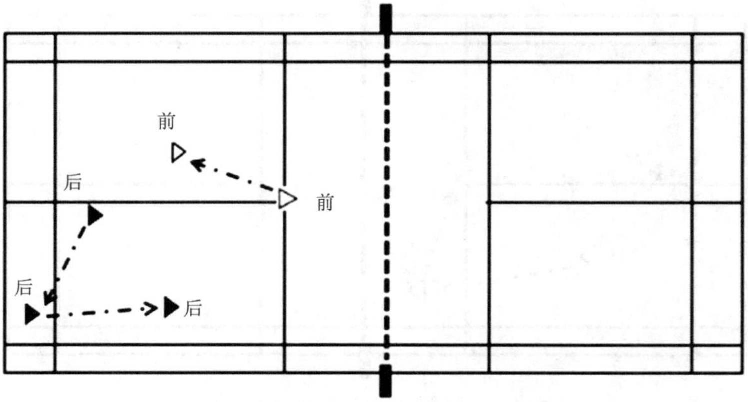

图 4-21　后场由进攻转防守的换位

前后进攻站位时，当后场的运动员（图 4-22 中的▲）在半场被动起高球后，应退回一步至同侧半场的中心位置。前场的运动员（图 4-22 中的△）则后退到另一侧半场的中心位置保护空当，转换成平行分边防守站位，准备防守。

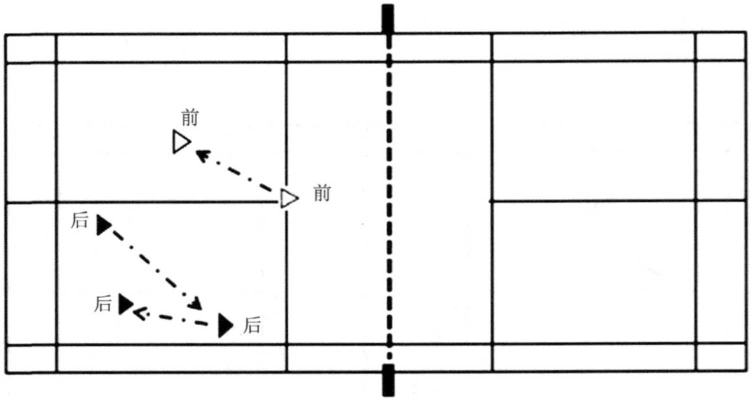

图 4-22　中场由进攻转防守的换位

（二）双打防守转进攻的换位方法

平行防守站位，在前场的运动员（图 4-23 中的△）在接吊球或接杀球主动回击网前小球后，应随球跟进至前场，准备封网。在后场的运动员（图 4-23 中的▲）应迅速移动至后场，形成前后进攻站位，准备进攻。

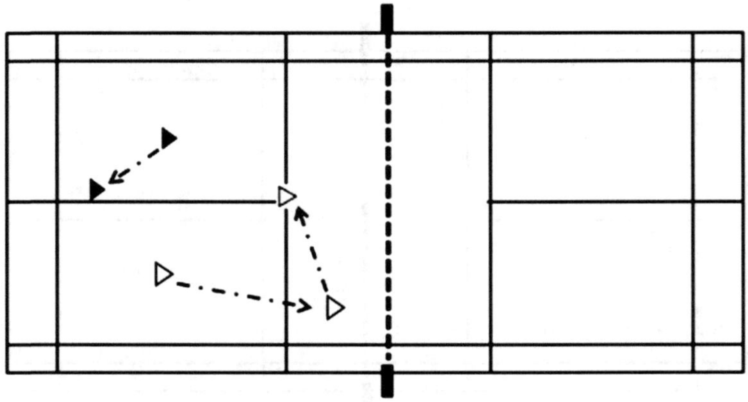

图 4-23　前场由防守转进攻的换位

平行防守站位，当对方击高球，在后场的运动员（图 4-24 中的▲）应后退回击进攻球。在前场的运动员（图 4-24 中的△）应迅速移动至前场，形成前后进攻队形。

平行防守站位，当一位运动员在中场接杀球反攻时，该运动员应随球跟进移动至网前。其同伴则应移动至后场，转换成前后进攻站位，准备进攻。

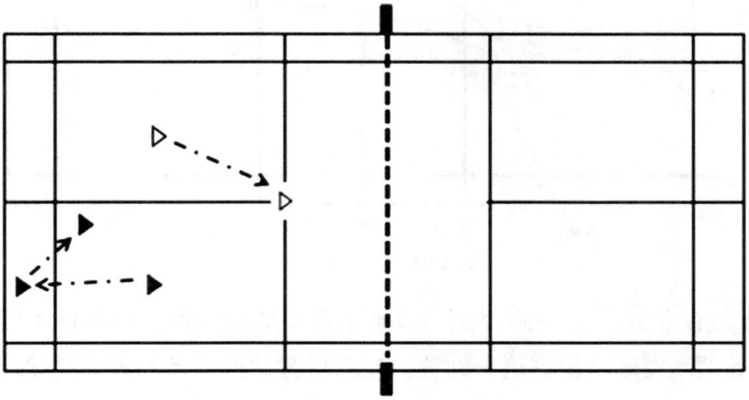

图 4-24　中场由防守转进攻的换位

三、双打战术类型

（一）发球战术

在羽毛球双打比赛中，发球的战术具有特别重要的意义。发球质量的好坏会直接影响场上的局势，发球战术运用得好有利于控制整场局势。

1. 以我为主的发球战术

以我为主的发球战术，即不考虑对方接发球的能力，根据自己发球和第三拍的能力来组织发球战术。

2. 根据对方站位、战法来决定发球战术

一般接发球的战法有四种：一般站位法、抢攻站位法、稳妥站位法、特殊战位法。

1）一般站位法。其站位位于距离中线和前发球线适中处，特点是以稳为主。根据这一站位，发球时以发网前两点为主，一点是距中线较近的位置，另一点是边线附近的位置，两点配合（图 4-25）。

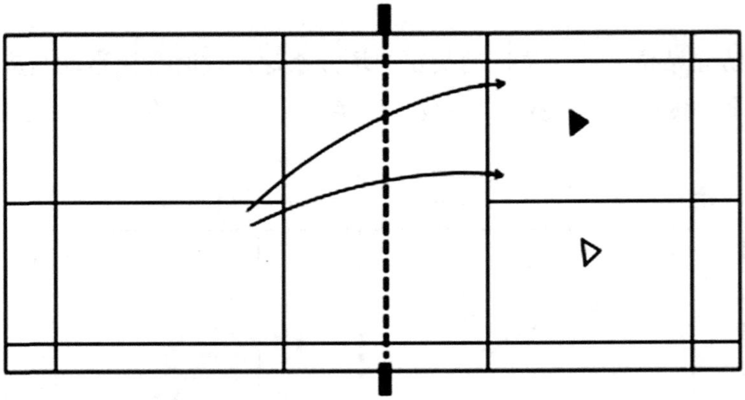

图 4-25　一般站位法

2）抢攻站位法。抢攻站位法，即紧贴前发球线站位。接发球主要是以扑球和跳杀来处理。发球者根据这一站位，判断对方站位的目的，提高发球质量，结合时间差来破坏对方的抢攻意图（图 4-26）。

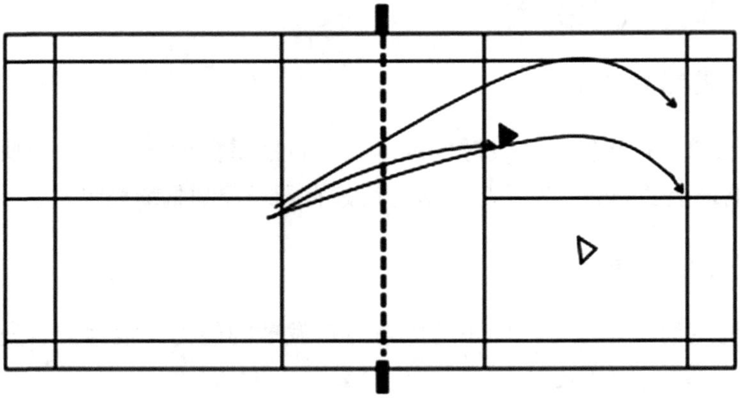

图 4-26　抢攻站位法

3）稳妥站位法。稳妥站位法，即站位于离前发球线远一些的位置，身体为站立式。这一站位的特点是进攻意识较差，接发球时只求把球回击过网。发球时根据对方站位，以发网前球为主，接发球员的站位偏后，接发起动慢，有利于在第三拍进行反攻（图 4-27）。

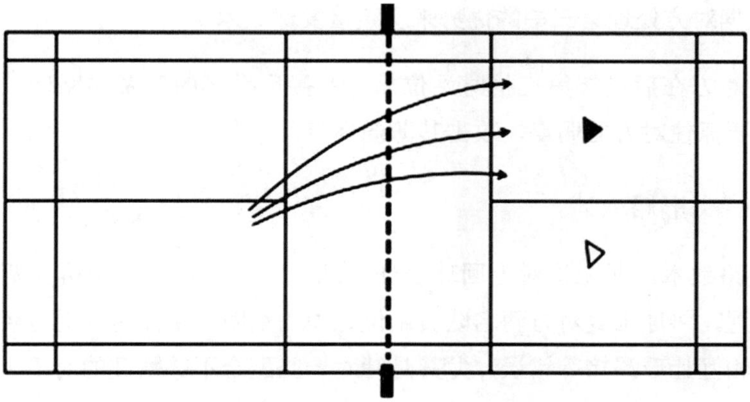

图 4-27　稳妥站位法

4）特殊站位法。以右手持拍为例，一般接发球站位都以左脚在前，右脚在后，特殊站位则以右脚在前，左脚在后，这种站位一般以右脚蹬跳击球。在这个站位，发球者不了解对方站位的优势和意图，发球以自己为主，所以应尽快适应这一站位的优势和意图，从而选择有效的发球战术。

3. 根据对方打法弱点决定发球战术

如果对方后场进攻能力强，球路刁钻，但网前球相对较弱，则以发网前球为主；如果对方网前技术较好，动作一致性强，接发威胁较大，则以发后场球为主。

（二）接发球抢攻战术

1. 以我为主的接发球战术

以我为主的接发球战术是根据自己在左、右场区的接发球优势来处理接发球，以自己擅长的打法为主。

2. 根据对方发球质量的好坏来决定接发球战术

当对方发球质量高时，用过渡的技术处理接发球，通过封住对方的击球路线获得主动；当对方发球质量不高时，直接进行接发球抢攻，争取主动或直接得分。

3. 根据对方处理第三拍的优势来决定接发球战术

如果对方在后场接第三拍时站位靠后，接反手区的球及中路球较差，则在接发球时要抓住对方的弱点，攻击其薄弱环节，争取主动。

（三）攻中路战术

攻中路战术，即无论对方回球至任何地方，进攻点都集中落在两人的中间或中线位置，将球击到对方两名队员站位之间的空隙，从而造成对方经常出现争抢回击或相互让球漏接等错误，尤其是针对一些配合不够默契的对手，这种方法比较有效。当对方前后站位时，可将球击到对方中场两侧边线处。而当对方分边左右站位防守时，则可利用杀球、吊球等技术攻击对方的中路。

（四）攻人战术

这一战术又称二打一战术，当发现一方相对较弱，失误较多，回球质量差时，可采用这一战术，将球下压或控制前场取得进攻机会，进攻时把球回击到弱者的一边，然后集中力量“二打一”，避其所长，攻其所短。

（五）攻区域战术

1. 攻直线战术

所谓攻直线，就是杀球的路线均为直线，没有固定的目标和对象，只依靠击球的力量和速度来取得成效。这种战术还可细分为杀直线小对角战术、杀边线战术和攻边线、攻中路结合的战术，这些都在攻直线战术的范畴内。

2. 攻对角战术

攻对角战术，即无论球到任何位置，都采用杀大对角的球路来进攻，球的落点在对角线的边线上。但采用这种战术要具备一定的条件，即进攻方两人都要有一定的扣杀力量和速度。

（六）后攻前封战术

后攻前封战术，即基本保持前后站位，后场遇高球就积极下压，连续大力扣杀，杀球的同时结合吊球，打乱对方的防守阵脚，当对方回球到前半场或网前球时，积极封住球路，进行致命性的扑杀。

（七）前场打点战术

前场打点技术，即通过前半场积极抢点放网、推拨半场、平抽平挡和接杀球挡网跟进等技术，使对方被动起高球，打乱对方的站位，为后场创造进攻机会，从而有利于自己一方后压前封进攻得分。

（八）快攻压网战术

快攻压网战术，即从发球、接发球抢攻开始，以平抽平打快速杀球为主，左、右两边平行站位，压在前场进攻。

（九）抽压底线战术

抽压底线战术，即运用快速的平高球和抽球打压对方后场底线两角，在对方扣杀球时，也能用平抽反击或挑高球至底线两角，调动对方跑动，找机会进攻。

四、双打战术中常出现的问题

（一）分工不明确

在羽毛球双打比赛中，一般情况下都是距离近，优先接；等距离，快的接；前场球，网前好的去接；对方打向两人防守的中间区域时，球更靠近谁，谁就接；后场击球，在距离优先的原则下，体能更好、后场进攻更有威胁性的一方可以更多地完成击球。如打两腰的战术，只要是超过前场选手体侧的球，一律由后场选手回接。在比赛中出现的抢球或让球，就是分工不明确，造成其中一人前后左右满场跑，出现大空当或者两人都朝着来球方向移动，出现空当，这都是初学者在双打比赛中最容易出现的问题。

（二）站位不正确

双打站位一般分前后站位和左右站位两大类，无论是发球还是接发球，都必须明确站位，站在自己应该站的位置，否则从一开始就会陷入被动。常见的发球员站位问题有两种：一是发后场球时，发球员原地不动，不知道后退发球区中场防守；二是发完网前球后，发球员后退，造成对方回接网前球无人防守的局面。

（三）配合不默契

当双打站位出现空当时，并不是简单地补位，如果一个人补位了，另外一个人一定要轮转换位，否则又会出现新的空当。双打轮转遵循逆时针轮换的原则，绝对不能出现一个人动、另一个人不动的现象。在羽毛球双打比赛中，攻防转换时，要以先动者为主，且先动者要以直线跑位为主，然后另一名搭档补位。其中，最容易出现的问题是站在前面的搭档习惯性地往后退，要么两人都跑到场地同一侧防守，要么干脆就地斜线站位防守，直接给对手露出大片防守空当。

五、双打战术训练法

（一）发、接发练习

一对一发球练习：定点发球练习。落点要准确，稳定性要高，失误要少。

一对一发接发练习：定点发接发练习。一方面，增强发球方的心理素质，发出高质量的球；另一方面，接发球方做好接球准备后判断发球的质量，组织发球抢攻，掌握对方习惯的球路，创造进攻机会。

（二）压网练习

压网练习，即双方站在中后场区，做平抽或半蹲快打，边打边进行压网练习。

（三）配合跑位练习

配合跑位练习，即按照一定的球路，发不同落点、不同线路和不同飞行弧线的多球，做跑位练习。

（四）封网技术练习

封网技术练习，即站在网前，通过多球抛球，球过网就将球拦截，回击至对方场区。封网时应注意将手臂高高举在头顶上方（击完一次球不要放下），同时减小手臂摆动弧度，提高手臂的摆动频率，击球瞬间用手腕和手指发力击球。

第三节　羽毛球运动的混合双打战术与训练法

一、混合双打战术站位

混合双打防守站位方法与双打一样，采用平行分边站位，区别是男运动员站位应适当偏向女运动员一侧，负责处理近 2/3 场区的球（图 4-28）。

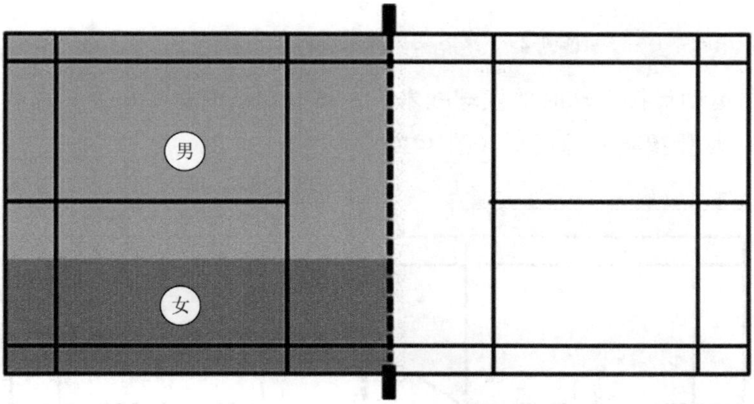

图 4-28　混合双打防守的站位及分工

二、混合双打战术类型

（一）发球战术

羽毛球混合双打发球是一项战术意识很强的技术，发球质量的好坏会直接影响到后面的击球，它与男双、女双的发球有共同点，但也有差异，如女运动员发球，男运动员接发球，难度就更大，对发球质量的要求更高。

1. 女运动员发球战术

1）女运动员接发球时的发球战术。这种情况下可正常发球，后场有男同伴接第三拍，而对方女运动员接发球站位及威胁都不及男运动员，在这种情况下，应根据对方接发球的特点来制定发球战术（图 4-29）。

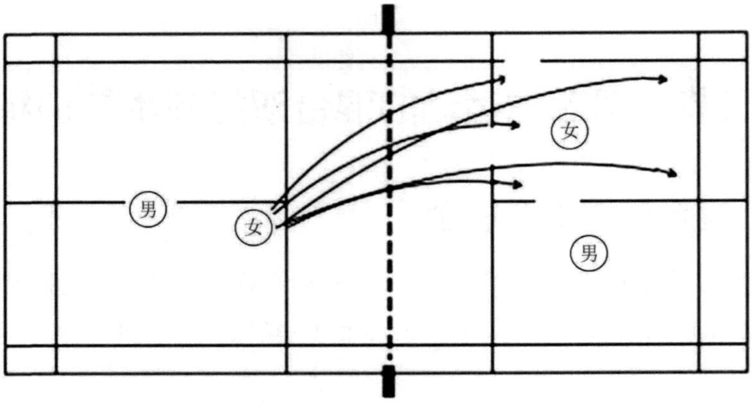

图 4-29　女运动员接发球时的发球战术

2）男运动员接发球时的发球战术。发球一定要有信心，用“以我为主”的发球战术，尽量提高发球质量（图 4-30）。

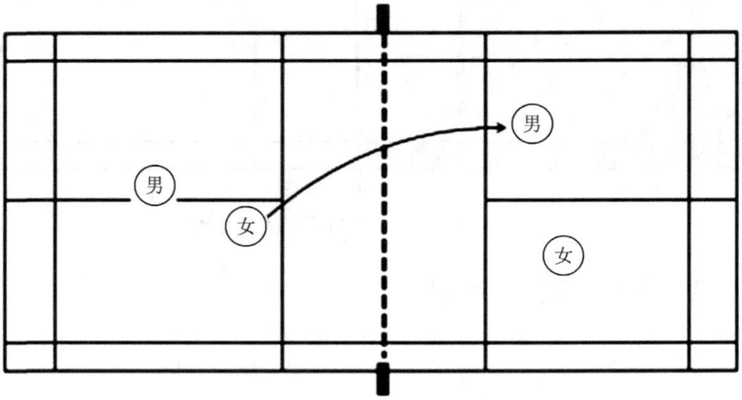

图 4-30　男运动员接发球时的发球战术

2. 男运动员发球战术

女运动员接发球时的发球战术。在这样的情况下，发球是有优势的，男运动员对发球时间的控制和发球的速度、出球的弧度都会对女运动员造成一定的威胁。

男运动员接发球时的发球战术。正常情况下，以自己特长的发球区域为主，用“以我为主”的发球战术，提高发球质量，球过网后要向下飞行，有利于第三拍的反击。

3. 男、女运动员站位与分工

男运动员发球一般站在中场，而女运动员则站在前场区，当男运动员发球时，女运动员站位应离中线远一些，目的是不阻碍其发球路线（图 4-31）。

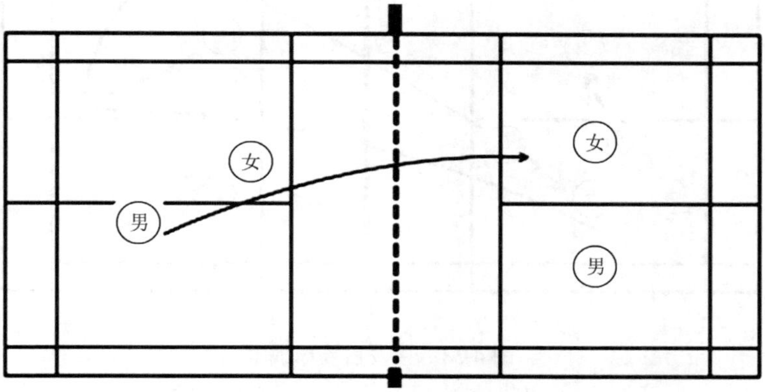

图 4-31 混合双打男运动员发球站位

（二）接发球战术

1）当对方发网前球时，无论是男运动员还是女运动员接发球，都应以拨对角半场、直线半场、勾对角球和放网前球为主（图 4-32）。

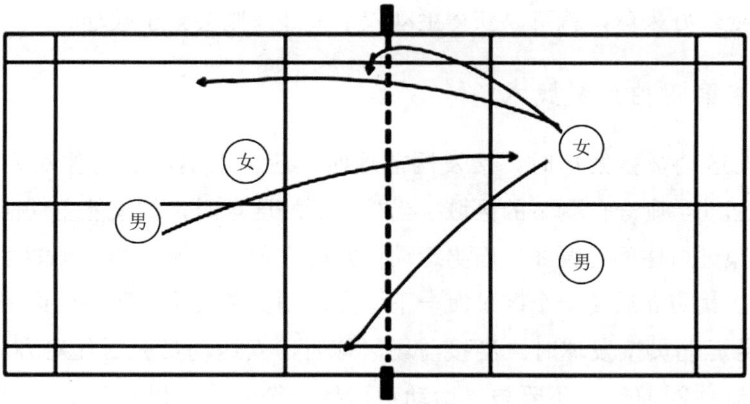

图 4-32 接发网前球战术

2）当对方发后场球时，如果女运动员发球后分边防守，就集中攻击女运动员的防守区。如果男运动员在右场区发球且女运动员只守一角，则吊对方右角区，杀对方两边，这时对方处于前后站位，防守难度大；反之，与左半场区一样（图 4-33）。

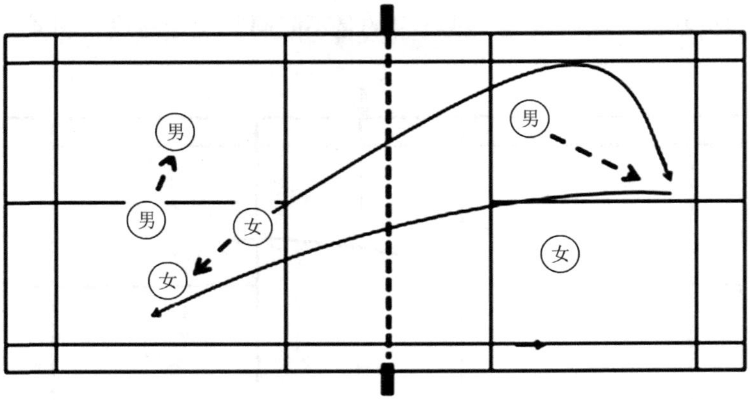

图 4-33　接发后场球战术

（三）第三拍回击战术

1）主动情况下第三拍的进攻战术。当女运动员发球时，女运动员可以直接封住前半场，并以封住直线球为主。当男运动员发球时，女运动员负责封网。

2）被动情况下摆脱被动的战术。注意对方站位的空当，处理好过渡球。

3）一般情况下第三拍的进攻战术。当对方回击的球没有造成被动或威胁时，只要处理好来球，就可以获得主动权；反之，则会处于被动。

（四）第四拍封网战术

1）女运动员接发球时。接发网前球时，应由女运动员封住对方的直线球路，而男运动员则守住剩下的区域；当接发后场区球时，如果能主动回击，女运动员直接跟进封住网前直线，而男运动员则防守剩下区域；如果不能主动回击且无法回动，就防守后场一个区过渡一下，男运动员负责防守剩下的区域。

2）男运动员接发球时。当接前场区球时，女运动员应封住对方的直线球，不但要控制住网前球，还要与男运动员保持一个错位，以封住对方反抽对角平球，以减轻男运动员的压力，男运动员负责剩下的区域；如不能主动回击，此时男运动员的站位被调至网前，那么女运动员则后退补位，代替男运动员进攻，后面再找机会轮换位置。当接后场区球时，女运动员除了负责封住网前，还要负责封住对方抽对角线的平球，以便男运动员更主动。

（五）攻女运动员战术

攻女运动员战术，是混合双打的核心战术，即获得主动进攻后，对方已形成男女运动员两边守的站位，就集中力量攻女运动员；当对方站位形成前后站位时，控制对方两个边线球，寻找机会，将球回击至女运动员防守的区域，以便获得主动权。

（六）攻中路战术

如果对方男运动员对两边中场控制能力很强，威胁很大，直线结合斜线处理很好，会使我方的防守区域扩大，特别是当女运动员不易封到对方回击的平球时，这时用攻中路战术比较有效。

（七）杀吊结合战术

在羽毛球混合双打比赛中，男队员要照顾的区域较大，应以杀吊结合战术打乱对方阵脚。当女运动员挑球不到位时，用杀吊结合战术更有效果。

三、混合双打战术常见的问题

（一）配合不默契

羽毛球双打比赛就是要讲究配合，战术配合是重点。在羽毛球混双比赛中，一般情况都是女运动员主前场组织和封网，男运动员主后场控制和进攻。混合双打最常见的问题有：①网前球没有组织，一接球就起高球后退，失去位置，一开始就被动挨打；②男运动员进攻后女运动员不封网；③抢球或漏球，过腰球抢着接，该封住的球没有封住，给男队员造成很大压力；④男队员后场有机会却没有进攻，而是回击高球或吊球。

（二）前场封网意识差

羽毛球混合双打的主要打法是女队员在前场，男队员在后场。在混合双打中，女队员占主要位置，如果女队员水平高，就容易取胜。女队员在网前一定要完全相信男队员，并且在不起高球的前提下，在网前积极地封网，在心理上要对对方有威胁，并要占上风。在羽毛球混合比赛中，分工要明确，否则会变得较为被动，如获得主动进攻机会时，女队员若没有举拍封网意识，前场封网不积极，可能会造成失去主动权，由主动变为被动。

四、混合双打战术训练法

（一）发、接发练习

一对一发球练习：定点发球练习。落点要准确，稳定性要高，失误要少。

一对一发接发练习：定点发接发练习。一方面增强发球方的心理素质，发出高质量的球；另一方面，接发球方做好接球准备后判断发球的质量，组织进行发球抢攻，掌握对方习惯的球路，创造进攻机会。

（二）压网练习

压网练习，即双方站在中后场区，做平抽或半蹲快打、边打边压网练习。

（三）配合跑位练习

配合跑位练习，即按照一定球路，发不同落点、不同线路和不同飞行弧线的多球，做跑位练习。

（四）封网技术练习

封网技术练习，即站在网前，通过多球抛球，球过网就将球拦截，回击至对方场区。封网时应注意将手臂高高举在头顶上方（击完一次球不要放下），同时减小手臂摆动弧度，提高手臂的摆动频率，击球瞬间用手腕和手指发力击球。

（五）固定击球技术多个球路练习方法

1）在固定击球技术单一路线练习的基础上，规定击球技术，不固定击球线路（直线或斜线）的练习方法。加大练习者的判断难度，通过步法移动的不确定性使练习者更接近比赛状态。

2）一点打两点的练习方法。练习一方固定点，不固定线路，可以是直线或斜线，适用于所有基本技术练习，另一方则加强判断，将对方击来的球回击到固定点。在左右场区各点交替进行练习。

3）两点打一点的练习方法。一方固定场区一个点，依次向另一方击一次直线球、一次斜线球，即两点。另一方将对方击过来的直线球、斜线球回击至对方固定场区的一个点上。后场击球技术均适用于这个练习。练习时左右场区交替进行，注意击球动作，协调配合，在移动中寻找最佳击球点。

4）两点打两点的练习方法。练习者均以直线或对角线不固定的两点击球进行练习，适用于所有基本技术。

（六）不固定击球技术多个球路练习方法

一点打多点的练习方法，即练习者从中心位置起动，向来球方向移动，完成击球后向中心位置移动，再重复以上动作，反复练习。采用多球练习，将球送至场区内各个不同点，练习者移动到位后击球。

第五章

羽毛球运动专项身体素质及训练方法

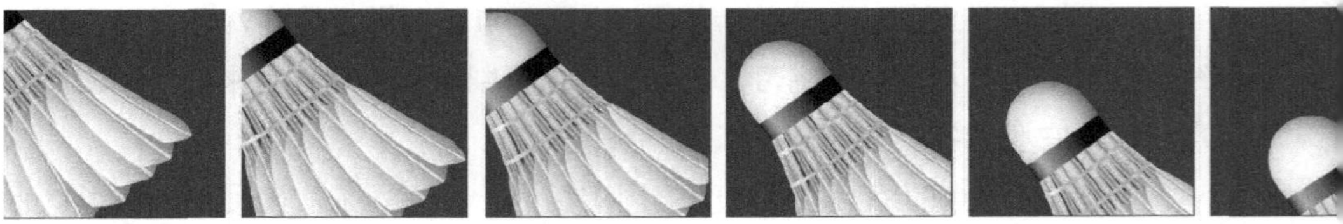

良好的身体素质，尤其是羽毛球运动的专项身体素质，是在羽毛球运动中承担激烈和大负荷运动的基础。随着羽毛球竞技运动水平的不断发展，其技术水平的竞争也越来越激烈。据统计，在一场历时两个小时的高水平羽毛球比赛中，一名运动员必须在攻与守、控制与反控制的对抗中，忽左忽右、忽前忽后地完成各种急停、起动、移动、跨跳、挥臂击球等动作千余次。个人在羽毛球运动中速度的快慢、力量的大小、耐力的强弱、灵敏性和柔韧性的好与坏，都会直接对运动成绩产生重要影响。由此可见，现代羽毛球运动不仅是个人技术、战术和心理素质的较量，同时也是个人身体素质的较量。尤其是当比赛进行到关键时刻时，运动员身体素质的好坏直接影响着技术与战术水平的正常发挥，从而决定着比赛的最后胜负。因此，要掌握羽毛球运动的规律，并不断提高技术和战术水平，运动员不但要具备全面的身体素质，还要具备良好的专项身体素质。

人的身体素质是在完成运动动作时表现出来的各种能力，通常包括力量、速度、耐力、灵敏性和柔韧性五个方面。羽毛球专项身体素质是由该项运动本身的特点决定的，即在一般身体素质的基础上进行该项运动时所需要的特殊的力量、速度、耐力、灵敏性和柔韧性，其中力量是基础，速度是核心。羽毛球运动专项身体素质训练是根据羽毛球运动的方式和动作的结构特点，通过一些相似动作进行各种身体练习，以发展专项运动所需的各种身体素质。

第一节 基础力量训练的练习方法

力量是身体或身体某部分用力的能力。根据羽毛球运动对身体力量素质的特殊要求，运动员应在具有一定绝对力量的基础上发展速度量素质和力量耐力素质，以保证其在长时间的比赛中能够正常完成各种技术动作和正常运用各种战略战术。因此，运动员在进行身体一般性基础力量训练的同时，还要着重进行一些负荷强度小、速度快、重复次数多的速度力量和力量耐力训练。

一、上肢基础力量素质训练

（一）坐姿哑铃推举

坐在平凳上，双脚自然打开，双腿稳定住身体，腰部收紧，收腹挺胸，双手持铃握于头部两侧，双手握住哑铃中间的位置，从身体两侧举起，保持大臂和小臂的夹角为90°，手心朝向正前方。深呼气将哑铃分别从身体的两侧推起，拳眼相对，向上推举，下落时吸气，反复进行练习（图 5-1）。

（A）

（B）

图 5-1 坐姿哑铃推举

用哑铃进行力量训练，是初学者发展力量素质的一种有效方法。根据学员年龄的不同，可采用不同重量的哑铃，进行不同次数的练习。哑铃的重量有 3

磅[①]、5 磅、7 磅、10 磅等。练习次数可以分为 10 次 ×3 组、15 次 ×3 组、20 次 ×3 组、30 次 ×3 组。

（二）杠铃二头弯举

两脚左右开立，两手反握杠铃横杠提至腹前，以肘关节为轴做两臂屈伸的动作（图 5-2）。

（A）

（B）

图 5-2 杠铃二头弯举

练习者根据自身力量选择适合自己的重量及练习的组数；一般练习 10 ～ 15 次，3 ～ 5 组。训练时一定要遵循循序渐进的原则。

（三）杠铃平板卧推

仰卧在卧推架长凳上，采用宽握距，取下杠铃，横杠放在胸上至乳头 1 厘米处，杠铃推起至两臂伸直，上推时用鼻子呼气，还原时用嘴吸气（图 5-3）。

练习者根据自身力量选择适合自己重量的杠铃及练习组数；一般练习 10 ～ 15 次，3 ～ 5 组。训练时一定要遵循循序渐进的原则。

（四）杠铃上斜推举

仰卧到斜板上，两脚平放于踏板上，背和肩部紧贴长凳，收腹挺胸，掌心

① 1 磅 =453.592 37 克。

向上，采用宽握距，垂直举于肩上，两臂伸直支撑住杠铃位于肩的上部，放下至胸部上方（接近锁骨处）时吸气，当横杠接触胸部时，即做上推动作，上推时呼气（图 5-4）。

（A）

（B）

图 5-3　杠铃平板卧推

（A）

（B）

图 5-4　杠铃上斜推举

根据练习者的自身力量选择适合自己重量的杠铃及练习的组数；一般练习次数为 10 ～ 15 次，3 ～ 5 组。训练时一定要遵循循序渐进的原则。

（五）小臂力量练习

坐在凳子上，上体前倾，两手反握杠铃横杠，屈肘放在大腿上，反复进行腕关节的屈伸练习（图 5-5）。

（A）　　（B）

图 5-5　杠铃腕屈伸

根据练习者的自身力量选择适合自己的重量及练习的组数；一般练习次数为 10 ～ 15 次，3 ～ 5 组。训练时一定要遵循循序渐进的原则。

二、下肢基础力量素质训练

用一定重量的杠铃，能发展下肢肌肉的基础力量和爆发力，负重因人而异，每组 10 ～ 15 次，3 ～ 5 组。训练时一定要遵循循序渐进的原则。

（一）杠铃浅蹲

杠铃浅蹲，即双手握住杠铃置于颈后位置，挺胸，收紧腰腹部，头部朝向正前方，两脚开立，与肩同宽，双脚指向外侧，屈膝下蹲，膝关节微屈，保持躯干直立。下蹲时吸气，起立时呼气（图 5-6）。

（二）杠铃半蹲

杠铃半蹲，即双手握住杠铃置于颈后位置，挺胸，收紧腰腹部，头部朝向正前方，两脚开立，与肩同宽，双脚指向外侧，屈膝下蹲，膝盖下蹲小于 90°，下蹲时吸气，起立时呼气（图 5-7）。

（A）

（B）

图 5-6 杠铃浅蹲

（A）

（B）

图 5-7 杠铃半蹲

（三）杠铃全（深）蹲

杠铃全（深）蹲，即双手握住杠铃置于颈后位置，胸部挺起，头部朝向正前方，两脚开立，与肩同宽，双脚指向外侧，屈膝下蹲，膝盖下蹲大于 90°，保持躯干直立，身体重量集中于脚后跟，当大、小腿相触时，反向运动，将杠铃向上运动。下蹲时吸气，起立时呼气（图 5-8）。

（A）　　　　（B）

图 5-8　杠铃全（深）蹲

（四）提踵练习

提踵练习，即宽握杠铃置于肩膀上，自然站直，收腹挺胸，保持躯干直立。吸气时，尽可能高地向上提起脚跟，稍停 2 秒，呼气时，缓慢还原（图 5-9）。

（A）　　　　（B）

（C）　　　　（D）

图 5-9　提踵练习

第二节　核心力量基本训练的练习方法

一、核心力量训练三方位支撑

核心力量是一种能力，是由附着在腰椎、髋部和骨盆联合周围的肌肉和韧带产生的力量，它在大多数竞技运动项目中起着重要的作用，不仅能够维持身体平衡，保证专项技术动作的稳定发挥，而且是运动员发力的主要环节，是上下肢协同用力的枢纽，在力量传递的过程中起到承上启下的作用。核心力量训练针对的是人体核心肌肉群及深层小肌肉，主要包括躯干的前部肌群、后部肌群和侧部肌群，进行力量、稳定、平衡等能力的训练。训练量依据练习者自身情况适当选择。

（一）初级训练

初级训练主要包括平板支撑、侧支撑和背桥（臀桥），如图 5-10 所示。

（A）平板支撑　（B）侧支撑　（C）背桥（臀桥）

图 5-10　初级训练

1. 平板支撑

俯卧在垫子上，前臂承重，要求肱三头肌主动收缩，肩胛骨下沉，斜方肌下束收缩，同时肩胛骨保持适度外展，保证后背平直，腰椎平直，骨盆中立位，腹肌收缩，如图 5-10（A）所示。

2. 侧支撑

身子朝右侧撑，屈肘撑地，形成一条斜线，左手向上抬起使两手臂形成一条直线，保持平衡，自然呼吸 30~60 秒，或保持更长时间；左侧支撑则相反。如

图 5-10（B）所示。

3. 背桥（臀桥）

仰卧在垫子上，屈膝，双臂两侧分开放在垫子上，双脚分开略大于肩宽，勾脚尖，脚后跟着地。以肩和上背为一侧支点，双脚为另一侧支点，将臀部向上顶起，中下背和大腿也向上抬起，使整个躯干从肩部到膝盖成一条直线，并与小腿垂直。整个过程中，双脚、肩和上背、双臂必须保持静止，小腿不可移动，如图 5-10（C）所示。

（二）中级训练

中级训练主要是通过减少支撑点来提高训练难度。

1）在平板支撑的基础上，减少支撑点，如一只脚离地或将一侧手臂屈肘抬起与肩成水平位置，两脚分开保持身体平衡，如图 5-11（A）所示。

2）在侧支撑的基础上，将左腿抬起与身体成一条直线；左侧支撑则相反。如图 5-11（B）所示。

3）在背桥动作的基础上，减少支撑点，一侧腿伸直抬起离开地面，与身体成一条直线，如图 5-11（C）所示。

（A）平板支撑

（B）侧支撑

（C）背桥（臀桥）

图 5-11　中级训练

（三）高级训练

高级训练借助瑞士球来进行，在瑞士球上做初级训练的动作，借助瑞士球的不稳定性，提高训练的难度，如图 5-12 所示。

（A）平板支撑

（B）侧支撑

（C）侧支撑

（D）背桥（臀桥）

（E）背桥（臀桥）

图 5-12　高级训练

（四）悬垂训练

在进行悬垂训练（核心力量）时，整个训练过程中动作不要太快，也不要晃动，千万不要借助惯性，那样会使训练效果大打折扣，同时也简单了许多。其主要包括不稳定俯卧撑训练、不稳定收腹训练、不稳定背桥训练、不稳定背肌训练，均需要借助器械来完成。

1. 不稳定俯卧撑训练

不稳定俯卧撑训练，即手撑在悬垂带上，肩膀到脚踝成一条直线，双臂放在胸部位置，两手相距略宽于肩膀，身体下降时，两个肘部向身体外侧弯曲，使大小臂的夹角成 90°，然后还原，如图 5-13 所示。

（A）　　（B）

图 5-13　不稳定俯卧撑训练

2. 不稳定收腹训练

不稳定收腹训练，即脚撑在悬垂带上，肩膀到脚踝成一条直线，双臂撑在地面，两手相距略宽于肩膀，收腹时臀部抬起，下肢向腹部靠拢，如图 5-14 所示。

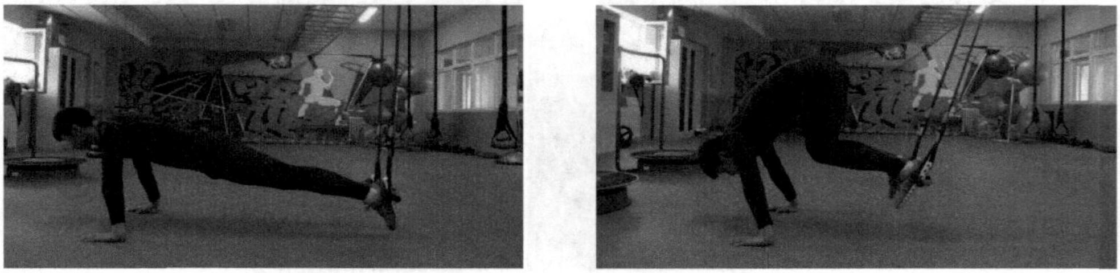

（A）　　（B）

图 5-14　不稳定收腹训练

3. 不稳定背桥训练

不稳定背桥训练，即仰卧在垫子上，双臂两侧分开放在垫子上，双脚分开略大于肩宽，放在悬垂带上，肩膀到脚踝成一条直线。以肩和上背为一个支点，小腿回收屈膝与身体垂直。肩和上背、双臂必须保持静止，如图 5-15 所示。

（A）　（B）

图 5-15　不稳定背桥训练

4. 不稳定背肌训练

不稳定背肌训练，即俯卧，腹部贴在瑞士球上，手臂伸直，使身体成一条直线，腰背肌收缩，用力挺胸抬头，如图 5-16 所示。

（A）　（B）

图 5-16　不稳定背肌训练

二、稳定性能力训练

稳定性能力训练，即借助平衡气垫来完成，主要包括平衡气垫单脚站立、平衡气垫单脚屈膝半蹲、气垫双脚屈膝半蹲平衡练习，如图 5-17 所示。

（A）平衡气垫单脚站立

（B）平衡气垫单脚屈膝半蹲

（C）气垫双脚屈膝半蹲平衡练习（正面）

（D）气垫双脚屈膝半蹲平衡练习（侧面）

图 5-17　稳定性能力训练

平衡气垫单脚站立，即单脚站在平衡气垫上，两手举至胸前水平位置保持身体平衡。

平衡气垫单脚屈膝半蹲，右脚站在平衡气垫上，向下做屈膝半蹲，左腿保持身体平衡，自然向后伸，两手举至胸前水平位置保持身体平衡。

气垫双脚屈膝半蹲，两脚开立在两个平衡气垫上，屈膝下蹲，膝盖下蹲小于 90°，两手臂举至胸前水平位置保持身体平衡。

三、灵敏性训练

灵敏性是一种综合性素质，是运动技能和各种素质在活动过程中的综合表现。灵敏性素质对羽毛球技术水平的提高有至关重要的影响。羽毛球运动员必须在 35 平方米的场地上做各种急起、急停，前、后、左、右移动，转向，回动，跳跃等动作，因而需要具有很好的灵敏性素质。

（一）绳梯直线侧向并步

绳梯直线侧向并步，即面对绳梯，站在绳梯的右侧，左脚迈进第一个格子内，右脚跟进，触地的瞬间，左脚移出到左边框外，右脚向第二个格子迈进，左脚跟进，右脚移出到右边框外，左脚向第三个格子迈进，依次循环向前。左右脚依次交替前移，整个过程中要求动作连贯不停顿，脚与地面接触的时间越短越好，如图 5-18 所示。

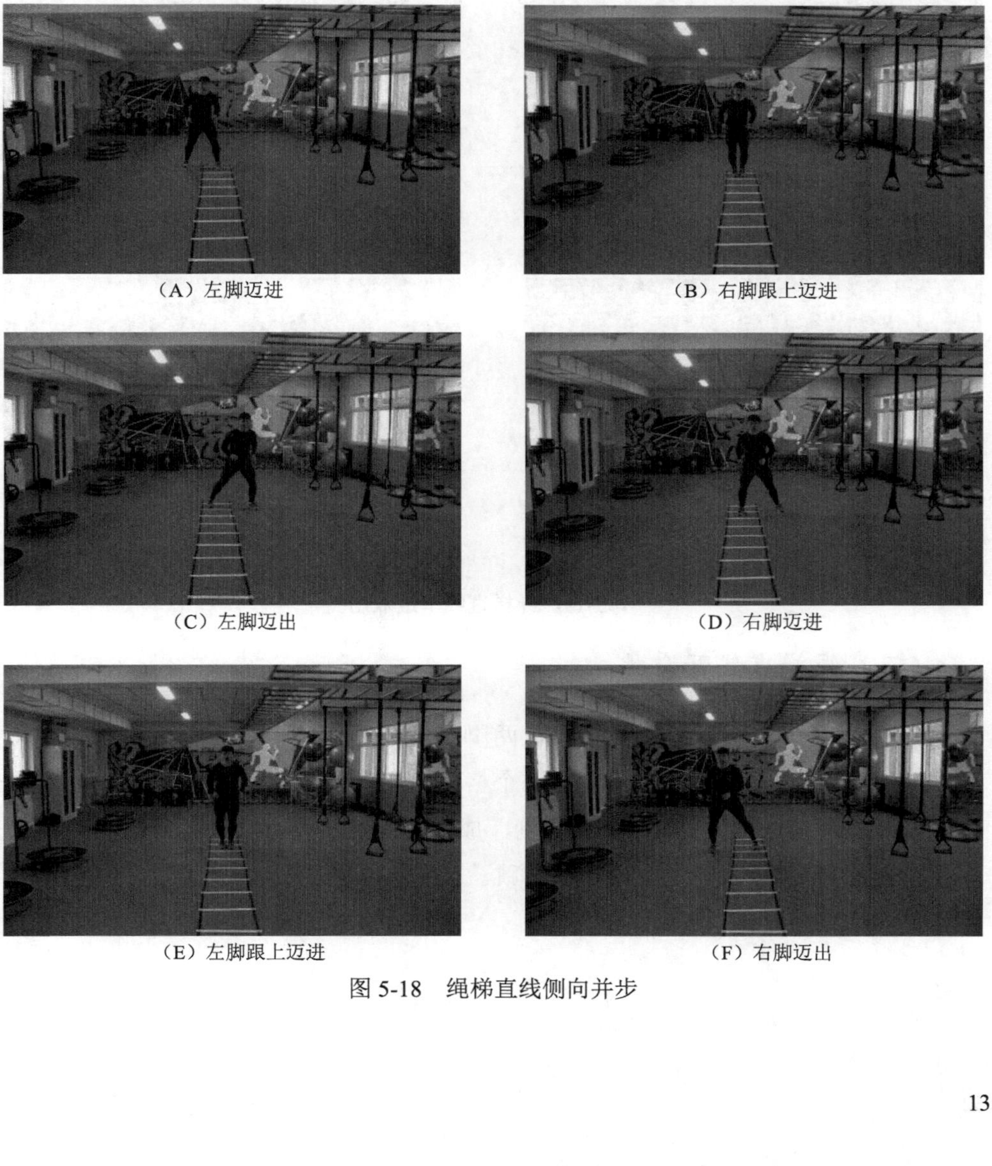

（A）左脚迈进　（B）右脚跟上迈进

（C）左脚迈出　（D）右脚迈进

（E）左脚跟上迈进　（F）右脚迈出

图 5-18　绳梯直线侧向并步

（二）绳梯直线单进双出

绳梯直线单进双出，即面对绳梯站立，左脚迈进第一个格子内，右脚跟进，触地的瞬间，左脚移出到左边框外，右脚移出到右边框外，依次循环向前。左右脚依次交替前移，整个过程要求动作连贯不停顿，脚与地面接触的时间越短越好，如图 5-19 所示。

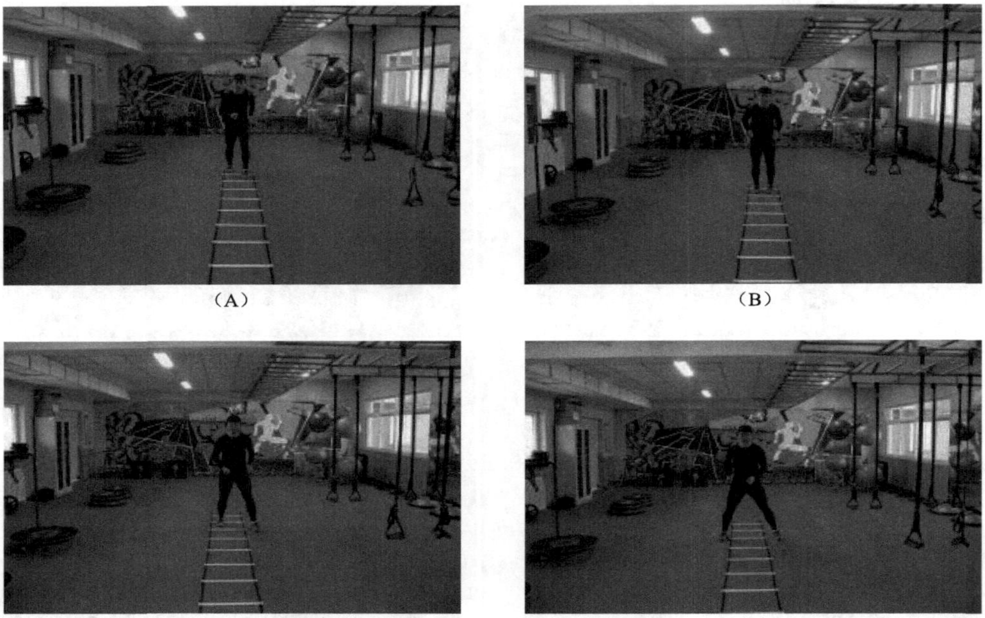

（A）（B）（C）（D）

图 5-19　绳梯直线单进双出

（三）绳梯直线开合跳

绳梯直线开合跳，即正对软梯，两脚分开大于肩，两臂自然放在体侧，双脚同时蹬地起跳，双脚合并落在第一个格子内，手臂自然屈肘摆至胸前，在触地的瞬间，跳起落在第二个格子两侧，成左右开立，手臂自然张开摆至体侧，每次向前跳一个格子，依次循环向前跳。上体保持正直，熟练后加快速度，如图 5-20 所示。

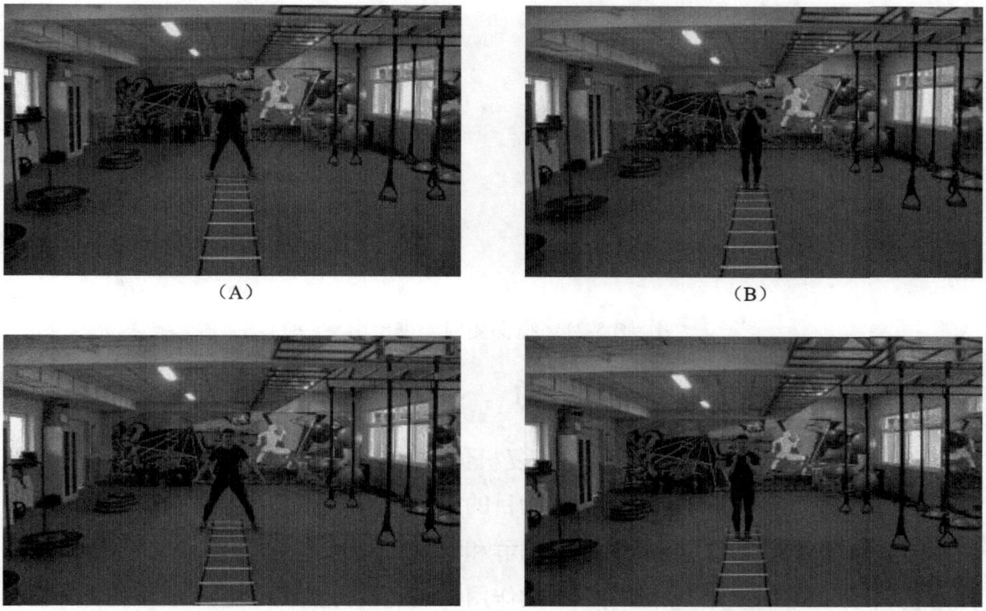

（A）　（B）

（C）　（D）

图 5-20　绳梯直线开合跳

（四）绳梯侧向一进一出

绳梯侧向一进一出，即面对绳梯站在第一个格子的左侧，右脚向第一个格子迈进，左脚跟进第一个格子里，右脚向后退至第二格子右边框外，左脚跟着移出到第二格子右边框外，依次循环向前。整个过程要求动作连贯不停顿，脚与地面接触的时间越短越好，如图 5-21 所示。

（A）　（B）

（C）　　　　　　　　（D）

图 5-21　绳梯侧向一进一出

四、功能性力量训练练习

功能性训练是为提高、保持和恢复机体特定运动功能的训练。功能性力量是以提高全身肌肉整体工作能力和效率为目的的。功能性力量训练强调多块肌肉的协调用力和整体作用，非常重视对小肌肉群和深层肌等薄弱肌肉的训练。因此，功能性力量训练还具有主动预防运动损伤的作用。功能性力量训练主要分为上肢力量练习和下肢力量练习，借助小臂肌群训练器、弹力带和弹力管等器械来完成练习。

（一）上肢力量练习

1. 小臂肌群训练练习

小臂肌群训练练习，即采用小臂肌群训练器，手握住训练器，两手交替向内旋转，如图 5-22 和图 5-23 所示。

（A）　　　　　　　　（B）　　　　　　　　（C）

图 5-22　小臂肌群训练练习（全身）

（A）　　（B）

图 5-23　小臂肌群训练练习（局部）

2. 弹力带小臂力量两人组合练习

弹力带小臂力量两人组合练习，即两人配合，一人握紧弹力带，固定住，另一人做小臂力量练习，手握住弹力带，手臂举至肩上方，小臂外旋后引，然后小臂发力拉弹力带内旋至额头前方，要求整个动作连贯、有节奏，如图 5-24 所示。一个人练习时，可将弹力带的一侧固定住，然后再做练习。

（A）　　（B）

图 5-24　弹力带小臂力量两人组合练习

3. 三头肌力量练习

（1）弹力带练习

三头肌弹力带两人组合练习，即一人用脚踩住弹力带的一头固定住，练习者背对弹力带，两手臂屈肘举至耳朵侧边，两手拉住弹力带，小臂做由屈到伸的练习，要求整个动作连贯、有节奏，如图 5-25 所示。

（A）　（B）

图 5-25　弹力带练习

（2）弹力管练习

三头肌弹力管两人组合练习，即一人用脚踩住弹力管的一头固定住，练习者背对弹力管，两手臂屈肘举至耳朵侧边，两手拉住弹力管，小臂做由屈到伸的练习，要求整个动作连贯、有节奏，如图 5-26 所示。

（A）　（B）

图 5-26　弹力管练习

（3）弹力带单侧侧平举练习

弹力带单侧侧平举练习（以右手为例），即两脚左右开立，用一侧脚踩住弹力带的一头固定住，另一侧手握住弹力带的另一头，放至体侧，练习时手臂由体侧举至侧平举的位置，重复练习；左手练习方向相反。如图 5-27 所示。

（4）弹力管双臂侧平举练习

弹力管双臂侧平举练习，即两脚左右开立，用脚踩住弹力管，双手握住弹力管放至体侧，练习时手臂由体侧举至侧平举的位置，重复练习。也可将弹力管交叉拉至体侧，增加阻力，加大练习的难度，如图 5-28 所示。

（A）

（B）

图 5-27　弹力带单侧侧平举练习

（A）

（B）

（C）

图 5-28　弹力管双臂侧平举练习

4. 肱二头肌力量练习

（1）弹力管力量练习

肱二头肌弹力管力量练习，即两脚左右开立，用脚踩住弹力管，两手正握弹力管放至体前，以肘关节为轴，小臂做屈伸练习，如图 5-29 所示。

（A）　　　　（B）

图 5-29　弹力管力量练习

（2）弹力管两人配合练习两臂侧平举

弹力管两人配合练习两臂侧平举，即一人握住弹力管的中间固定住，练习者两脚左右开立，两手握住弹力管的两端，手臂伸直举至胸前，然后做两臂侧平举，如图 5-30 所示。

（A）　　　　（B）

图 5-30　弹力管两人配合练习两臂侧平举

（3）两臂向后摆至体侧练习

两臂向后摆至体侧练习，即一人握住弹力管的中间固定住，练习者成弓步站立，两手拉住弹力管的两端，手臂伸直举至胸前，然后用力向后摆至体侧，如图 5-31 所示。

（4）单臂后摆练习

单臂后摆练习（以右手为例），即一人握住弹力管的一头固定住，练习者成左弓步站立，左手扶在左膝关节上，右手握住弹力管，自然屈肘放至体侧，以肘关节为轴，小臂做屈伸练习，左手练习则方向相反，如图 5-32 所示。

（A）

（B）

图 5-31　两臂向后摆至体侧练习

（A）

（B）

图 5-32　单臂后摆练习

（二）下肢力量练习

1. 弹力带俯卧勾腿练习

弹力带俯卧勾腿练习，即一人将弹力带套在脚上左右开立，练习者俯卧在垫子上，将弹力带套在踝关节上，然后小腿在膝关节做屈的动作，如图 5-33 所示。

（A）

（B）

图 5-33　弹力带俯卧勾腿练习

2. 弹力带直立勾腿练习

弹力带直立勾腿练习（以右脚为例），即一人站在练习者的正对面，将右手手臂伸到体前，练习者左脚站在 10 厘米高的器械上，踩住弹力带，手扶着对面人的手臂，右脚将弹力带套在踝关节上，然后做直立小腿后屈练习；左脚练习方式一样。如图 5-34 所示。

（A）

（B）

图 5-34　弹力带直立勾腿练习

3. 悬垂练习

悬垂练习（以右脚为例），即将悬垂带一侧固定住，右脚单脚站立，左脚脚背挂在悬垂带一侧，双臂自然放在体侧，然后做悬垂单腿屈伸练习，手臂自然前伸保持身体平衡；左脚练习方式一样。如图 5-35 所示。

（A）

（B）

图 5-35　悬垂练习

4. 弹力管俯撑后蹬腿练习

弹力管俯撑后蹬腿练习（以右脚为例），即俯卧在垫子上，肘关节撑地，手握住弹力管一侧，腰腹收紧，左膝关节屈膝撑地，右脚屈膝蹬在弹力管的另一侧，做后蹬腿练习；左脚练习方式一样。如图 5-36 所示。

（A）

（B）

图 5-36　弹力管俯撑后蹬腿练习

5. 小腿三头肌力量练习

小腿三头肌力量练习，即练习者坐在垫子上，收腹立腰挺胸，两手拉住弹力带放在两侧撑地，双腿伸直，脚尖踩着弹力带，做踝关节屈的练习，如图 5-37 所示。

（A）

（B）

图 5-37　小腿三头肌力量练习

长期的羽毛球运动实践证明，经常系统地进行羽毛球运动的各种专项身体素质训练，不但可以有效提高羽毛球运动的专项身体素质，而且可以全面提高羽毛球技术水平，同时还可以增强人的身体素质，提高人体的抗疲劳能力。

第三节　速度素质训练的练习方法

一、速度素质的含义及种类

速度是指单位时间内完成某个动作或移动某段距离的能力。羽毛球比赛是以适应迅速运动着的对手和快速运动着的球为特点的，因而速度素质是羽毛球运动员体能的重要方面。

速度可分为反应速度、动作速度和移动速度。羽毛球运动员判断场上变化情况，观察球的运行，需要反应速度；完成击球动作，需要动作速度；抢占有利位置或争取最佳空间，需要移动速度，由此可见速度对于羽毛球运动员的重要程度。

（一）反应速度

羽毛球运动员的反应速度是对球场上由于双方队员行动的变化和羽毛球的飞行位置、速度的变化所产生的迅速应答能力。这种能力通常以“综合反应时”来反映。

反应速度是先天的，通过训练加以提高的程度是有限的，而且有随年龄增长而减慢的趋势。羽毛球运动信号感十分强烈，对反应速度要求很高，故应在早期加强训练。

（二）动作速度

在羽毛球场上完成各种击球动作的速度就是动作速度。动作速度主要是运动员克服本身的体重，肌肉间协调的结果。

羽毛球运动对运动员的动作速度要求很高，据测定，男子扣杀球速度最快已超过 300 千米 / 小时，女子已超过 220 千米 / 小时，没有相应的挥臂速度是达不到这么快的扣球速度的。

（三）移动速度

单位时间内身体移动的距离就是移动速度。移动速度的快慢除了取决于协调性之外，还与克服较大身体惯性的能力有关，比如，运动员从静止状态到迅速移动状态，或从移动状态到静止状态。

二、影响速度素质的主要因素

（一）神经过程的灵活性

运动神经中枢兴奋与抑制的转换速度，即神经过程的灵活性。身体运动是靠肌肉的收缩与舒张实现的，而肌肉是由神经支配的，因此，神经过程的灵活性强，反应速度就快；反之则反应速度就慢。

（二）肌肉类型和肌肉活动的协调性

生理学研究表明，白肌纤维成分较多的人适合速度性项目，这是由白肌纤维的生理、生化特点（如三磷酸腺苷的含量及其分解与再合成的速度、神经冲动的传导速度等）决定的。改善肌肉各肌群之间的协调性可以提高活动速度，因为肌群的协调配合使肌群之间的阻力减少了，从而提高了肌肉活动的速度。另外，增强关节的灵活性、对抗肌的拉长能力也有助于速度素质的提高。

（三）与爆发力关系密切

力量、灵敏性，尤其是爆发力的水平与速度密切相关，只有发展这些素质才能有效提高速度素质水平。

三、速度素质训练的练习方法

（一）反应速度练习

1. 看手势起跑

全队队员分两队面对面站立，相距 1 米左右，看教练员手势做追逐跑。采用站、坐、跪、卧姿准备，根据教练员手势向各个方向起跑。

2. 躲避球击

全队队员分成两队，一队站半场界内，另一队站场外，场外队员用一球（或多球）抛击场内队员，场内队员进行躲避，被击中者出场或加入场外队，直至全部被击中。

3. 冲刺接球

教练员单手将球高举，站立于网前，队员在中场处准备。当教练员突然抽手让球掉下时，队员冲出，在球落地之前将球接住。

4. 你动我动

两人隔网相对，一人持拍做各种击球移动，另一人力争同步跟随。

（二）动作速度练习

1）手持球拍快速挥动，以扣杀球动作抽打悬垂物，悬垂物应在扣杀球手臂前上方最高处，抽打时肩部向上伸展。

2）两人一组，相距 5 ～ 6 米，以击高远球动作单手掷实心球。

3）快速小密步上下往返跑，选择一定长度的阶梯，以 1 级台阶为单位，采用最快的小密步频率，单脚交换快速跑到顶层，然后转身以同样的频率跑下，如此往返，反复进行。

4）连续跳台跳深练习：选择 8 ～ 10 个跳台，高 20 ～ 50 厘米，按照中间高、两头低的顺序排列，距离 1.5 ～ 2 米，从第一个跳台跳下，脚着地后立即反弹跳下一个跳台，连续跳完。

（三）移动速度练习

1）不同距离直线冲跑练习。训练分为 10 米、30 米、60 米、100 米快速跑，并分为从静止到启动、启动后的加速和速度的保持与最后的冲刺几个阶段。

2）以羽毛球场地双打边线为触摸点、两条线的中间为起点，采用并步、交叉步方式往返触摸边线上的两个点。

3）以“米”字形快速往返移动。以羽毛球中场和半场的四个角为点进行“米”字形的快速往返移动，从中场到四个点采用两步跑动。

第四节　耐力素质训练的练习方法

一、耐力的含义及重要性

耐力是指人体不降低工作效率而长时间进行运动的能力，也是机体抵抗工作时所产生的疲劳的能力。羽毛球运动是以有氧耐力为基础，以无氧耐力为主导的一种竞技体育项目。羽毛球运动员耐力水平的高低对运动成绩具有很大的影响。

羽毛球比赛不受时间限制。一场势均力敌的羽毛球比赛常常需要 1 ～ 1.5 小时，耐力的强弱会直接影响运动员技术水平的发挥及比赛的结果。

二、耐力素质的特点

（一）耐力提高快，消退也快

运动员经常进行有计划的耐力训练，短期内即可取得较好的效果。如果停止训练 3 周，心血管系统的功能就会下降到原来的水平。故羽毛球运动员除进行日常正常训练之外，每周应进行 1 ～ 2 次专门的耐力训练。

（二）耐力训练要从少年开始

羽毛球运动员所需的耐力以有氧耐力为基础，从少年时期适当地进行有氧耐力的训练，有助于提高运动员的心脏容积、最大吸氧量和恢复能力。这些因素也是机体健康的标志。因此，打好耐力训练的基础对于提高专项运动成绩与保持机体健康都是十分必要的。

三、耐力素质训练的练习方法

（一）一般耐力训练的练习方法

1. 跳绳练习

双脚双摇跳 1 分钟，左脚单跳 1 分钟，右脚单跳 1 分钟（可根据训练水平调整负荷）。

2. 跑步练习

30 米冲刺：10 次，每次间歇 15 ～ 20 秒；60 米冲刺：10 次，每次间歇 30 秒；400 米跑：运动员在规定的时间跑完 400 米，间歇 1 分钟后再跑 1 次，共跑 2 ～ 3 次；800 米、1500 米和 3000 米中长跑练习；长距离变速跑、越野长跑主要是用来发展耐久能力。

（二）专项耐力训练的练习方法

1. 连续多球练习间歇训练方法

一组 10 ～ 40 个球不等，间歇时间根据每一组练习的强度来定。

2. 步法练习间歇训练方法

两人一组，一人指方向，方向随机，另一人按方向做步法移动练习，一组 20 ～ 30 次不等，间歇时间根据每一组的强度来定。

3. 大强度比赛训练练习

在一节训练中，练习者进行两场单打、两场双打比赛或三个单打一个双打比赛的大强度的比赛训练，提高比赛的耐力。

参考文献

陈莉琳，黄承国，郑昱申．2013．羽毛球．福州：福建科学技术出版社．

黄萍婷，戴劲．2011．图解羽毛球入门．北京：化学工业出版社．

林建成．2009．羽毛球技、战术训练与运用．北京：人民体育出版社．

彭美丽，侯正庆．1998．羽毛球．北京：北京体育大学出版社．

乒乓球、手球、垒球、羽毛球编写组．1989．球类运动：乒乓球 手球 垒球 羽毛球．北京：高等教育出版社．

肖杰．2005．羽毛球运动理论与实践．北京：人民体育出版社．

肖杰，刘萍萍，刘勉．2008．羽毛球．南京：江苏科学技术出版社．

张博，邵年．1997．羽毛球．北京：人民体育出版社．

中国羽毛球协会审定．2017．羽毛球竞赛规则．北京：北京体育大学出版社．

附录

羽毛球竞赛规则

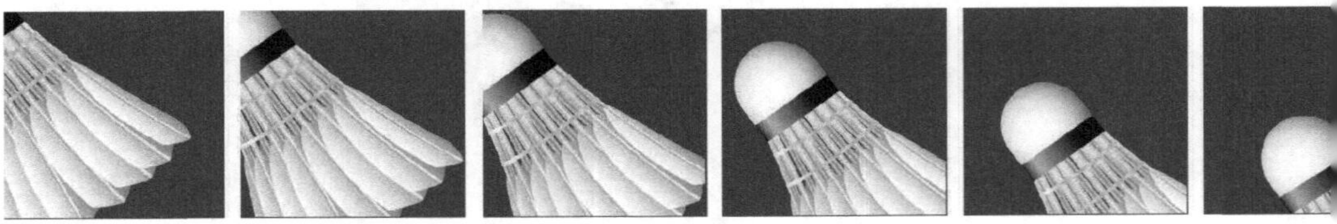

附录一　羽毛球竞赛规则（2017）

一、规则

定义：

运动员：参加羽毛球比赛的人。

一场比赛：由双方各一名或两名运动员进行的比赛，是羽毛球比赛决定胜负的基本单位。

单打：双方各一名运动员进行的比赛。

双打：双方各两名运动员进行的比赛。

发球方：有发球权的一方。

接发球方：发球方的对方。

回合：自球被发出至死球前的一次或多次连续对击。

一击：运动员试图击球的一次挥拍动作。

1. 场地和场地设备

1.1　场地应是一个长方形，用宽 40 毫米的线画出（附图 -1）。

1.2　线的颜色应是白色、黄色或其他容易辨别的颜色。

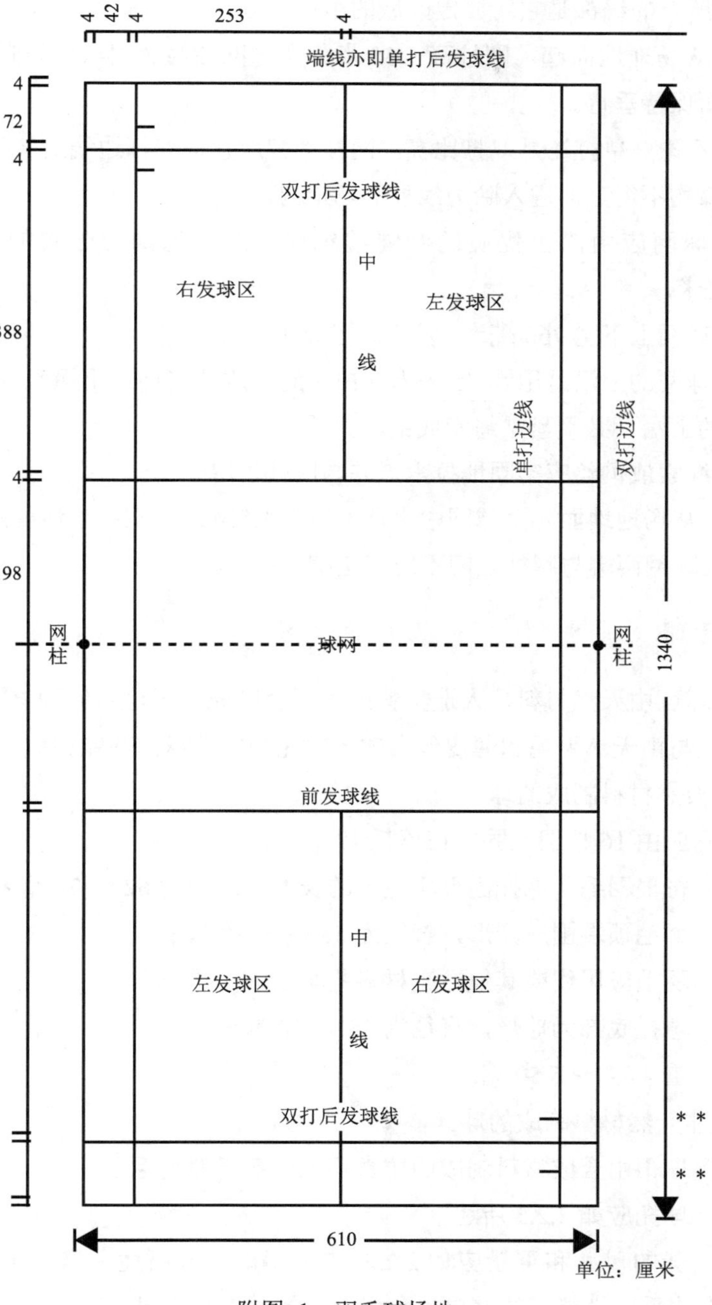

附图 -1 羽毛球场地

注：（1）双打场地对角线长为 14.723 米；单打场地对角线为 14.366 米。

（2）“**”为检验球速区标记（图附 -2）。

1.3 所有的线都是它所界定区域的组成部分。

1.4 从场地地面起，网柱高 1.55 米。当球网被拉紧时（“规则”1.10），网柱应与地面保持垂直。

1.5 不论是单打还是双打比赛，网柱都应放置在双打边线上（附图 -1）。网柱及其支撑物不得延伸进入除边线外的场地内。

1.6 球网应由深色优质的细绳编织成。网孔为均匀分布的方形，边长 15 ～ 20 毫米。

1.7 球网上下宽 760 毫米，全长至少 6.10 米。

1.8 球网的上沿是用宽 75 毫米的白带对折成的夹层，用绳索或钢丝从中穿过。夹层的上沿，必须紧贴绳索或钢丝。

1.9 绳索或钢丝应牢固地拉紧，并与网柱顶取平。

1.10 从场地地面起至球网中央顶部应高 1.524 米，双打边线处网高 1.55 米。

1.11 球网两端与网柱之间不应有空隙。

2. 羽毛球

2.1 球可由天然材料、人造材料或其混合制成。无论是何种材料制成的球，飞行性能应与由天然羽毛和薄皮包裹软木球托制成的球的性能相似。

2.2 天然材料制成的球。

2.2.1 应由 16 根羽毛固定在球托上；

2.2.2 每根羽毛从球托面至羽毛尖的长度，统一为 62 ～ 70 毫米；

2.2.3 羽毛顶端围成圆形，直径为 58 ～ 68 毫米；

2.2.4 羽毛应用线或其他适宜材料扎牢；

2.2.5 球托底部为球形，直径为 25 ～ 28 毫米；

2.2.6 重 4.74 ～ 5.50 克。

2.3 非天然材料制成的球。

2.3.1 球裙由合成材料制成的仿真羽毛代替天然羽毛；

2.3.2 球托应如 2.2.5 所述；

2.3.3 球的尺寸和重量应如 2.2.2、2.2.3 和 2.2.6 所述。但由于合成材料与天然羽毛在比重、性能上的差异，允许有不超过 10% 的误差；

2.3.4 在因海拔或气候等条件不适宜使用标准球的地方，只要球的一般式样、速度和飞行性能不变，经有关会员协会批准，可以变通以上规定。

3. 球速的检验

3.1　验球时，运动员应在端线外用低手向前上方全力击球；球的飞行方向应与边线平行。

3.2　符合标准速度的球，应落在场内距离对方端线外沿 530 ～ 990 毫米的区域内（附图 -2）。

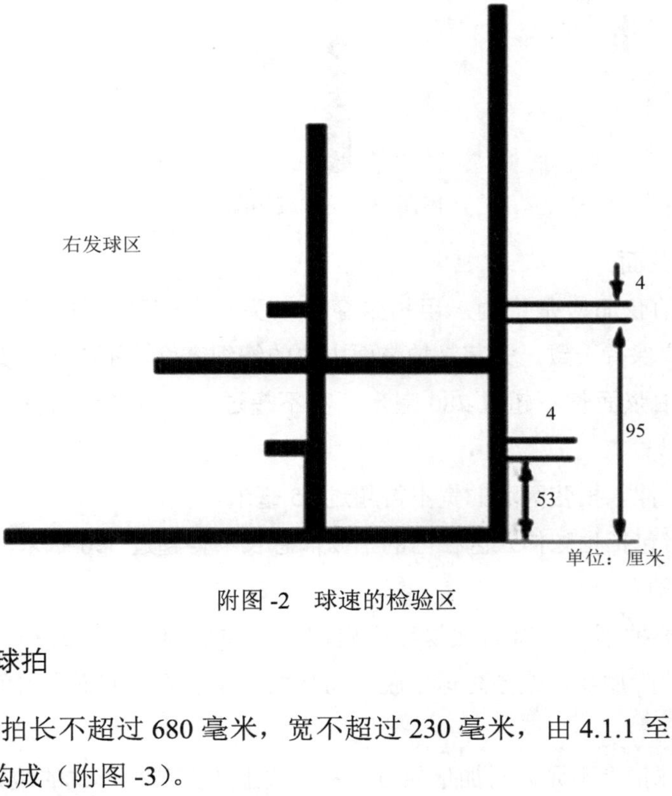

附图 -2　球速的检验区

4. 羽毛球拍

4.1　球拍长不超过 680 毫米，宽不超过 230 毫米，由 4.1.1 至 4.1.5 所述的各主要部分构成（附图 -3）。

4.1.1　拍柄是击球者通常握拍的部分；

4.1.2　拍弦面是击球者通常用于击球的部分；

4.1.3　拍头界定了拍弦面的范围；

4.1.4　拍杆通过 4.1.5 所述的部件，连接拍柄与拍头；

4.1.5　连接喉（如有）连接拍杆与拍头。

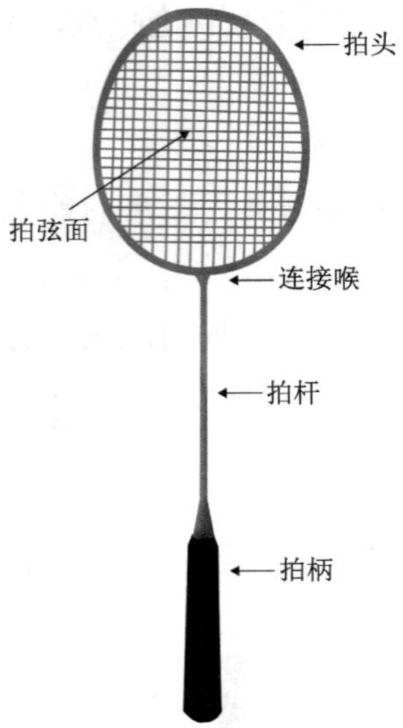

附图 -3 球拍结构图

4.2 拍弦面。

4.2.1 拍弦面应是平的，用拍弦穿过拍头十字交叉或其他形式编织而成，编织的式样应保持一致，尤其是拍弦面中央的编织密度，不得小于其他部分；

4.2.2 拍弦面长不超过 280 毫米，宽不超过 220 毫米，拍弦可延伸进连接喉区域；

4.2.2.1 伸入拍弦区域的宽不得超过 35 毫米；

4.2.2.2 包括拍弦伸入区在内的拍弦面总长不得超过 330 毫米。

4.3 球拍。

4.3.1 球拍不允许有附加物和突出部，除非是为了防止磨损、断裂、振动或调整重心的附加物，或预防球拍脱手而将拍柄系在手上的绳索，但其尺寸和位置必须合理；

4.3.2 球拍上不允许附加任何可能从本质上改变球拍形式的装置。

5. 设备的批准

有关球、球拍、设备以及试制品能否用于比赛等问题，由世界羽联裁定。这种裁定可由世界羽联主动作出，也可根据对其有切身利益的个人、团体（包括运动员、技术官员、设备厂商、会员协会或其他成员）的申请而作出。

6. 挑边

6.1　比赛开始前应挑边，赢方应在 6.1.1 或 6.1.2 选项中做出选择。

6.1.1　先发球或先接发球；

6.1.2　在一个场区或另一个场区开始比赛。

6.2　输的一方，在余下的一项中选择。

7. 计分方法

7.1　除非另有规定（“礼让比赛”和“其他计分方法”），一场比赛应以三局两胜定胜负。

7.2　除规则 7.4 和 7.5 的情况外，先得 21 分的一方胜一局。

7.3　对方“违例”或球触及对方场区内的地面成死球，则本方胜这一回合并得 1 分。

7.4　20 平后，领先得 2 分的一方胜该局。

7.5　29 平后，先到 30 分的一方胜该局。

7.6　一局的胜方在下一局首先发球。

8. 交换场区

8.1　以下情况，运动员应交换场区：

8.1.1　第一局结束；

8.1.2　第二局结束（如果有第三局）；

8.1.3　在第三局比赛中，一方先得 11 分时。

8.2　如果运动员未按规则 8.1 的规定交换场区，一经发现，在死球后立即交换，已得比分有效。

9. 发球

9.1　合法发球。

9.1.1　一旦发球员和接发球员做好准备，任何一方不得延误发球；

9.1.2　发球员的球拍头完成后摆，任何对发球开始的延误都是延误（“规则”9.2）；

9.1.3　发球员和接发球员，应站在斜对角的发球区内（图附 -1），脚不得触及发球区和接发球区的界线；

9.1.4　从发球开始（“规则”9.2），至发球结束（“规则”9.3）前，发球员和接发球员的两脚，都必须都有一部分与场地的地面接触，不得移动；

9.1.5　发球员的球拍，应首先击中球托；

9.1.6　发球员的球拍击中球的瞬间，整个球应低于发球员的腰部。腰指的是发球员最低肋骨下缘的水平切线；

9.1.7　发球员的球拍击中球的瞬间，拍杆和拍头应指向下方；

9.1.8　发球开始（“规则”9.2）后，发球员必须连续向前挥拍，直至将球发出（“规则”9.3）；

9.1.9　发出的球应向上飞行过网，如果未被拦截，球应落在规定的接发球区内（即落在界线上或界线内）；

9.1.10　发球员发球时，应击中球。

9.2　一旦运动员站好位置准备发球，发球员的球拍头开始向前挥动，即为发球开始。

9.3　一旦发球开始（“规则”9.2），发球员的球拍击中球或未能击中球，均为发球结束。

9.4　发球员应在接发球员准备好后才能发球，如果接发球员已试图接发球，即被视为已做好准备。

9.5　双打比赛发球时，发球员和接发球员的同伴应在各自的场区内。其站位不限，但不得阻挡对方发球员或接发球员的视线。

10. 单打

10.1　发球区和接发球区。

10.1.1　一局中，发球员的分数为 0 或双数时，双方运动员均应在各自的右发球区发球或接发球；

10.1.2　一局中，发球员的分数为单数时，双方运动员均应在各自的左发球区发球或接发球。

10.2　击球顺序和位置。

一回合中，球应由发球员和接球员交替从各自所在场区一边的任何位置击出，直至成死球为止（“规则” 15）。

10.3　得分和发球。

10.3.1　发球员胜一回合（“规则” 7.3）则得 1 分。随后，发球员再从另一发球区发球；

10.3.2　接发球员胜一回合（“规则” 7.3）则得 1 分。随后，接发球员成为新发球员。

11. 双打

11.1　发球区和接发球区。

11.1.1　一局中，发球方的分数为 0 或双数时，发球方均应从右发球区发球；

11.1.2　一局中，发球方的分数为单数时，发球方均应从左发球区发球；

11.1.3　接发球方上一回合最后一次发球的运动员应在原发球区。其同伴的站位与其相反；

11.1.4　接发球员应是站在发球员斜对角发球区的运动员；

11.1.5　发球方每得 1 分，原发球员则变换发球区再发球；

11.1.6　除规则 12 的情况外，球都应从与发球方得分相对应的发球区发出。

11.2　击球顺序和位置。

每一回合发球被回击后，由发球方的任何一人和接球方的任何一人，交替在各自场区一边的任何位置击球，如此往返直至死球（“规则” 15）。

11.3　得分和发球。

11.3.1　发球方胜一回合（“规则” 7.3）则得 1 分。随后发球员继续发球；

11.3.2　接发球方胜一回合（“规则” 7.3）则得 1 分。随后接发球方成为新发球方。

11.4　发球顺序。

每局比赛的发球权必须如下传递：

11.4.1　首先是由首先发球员从右发球区发球；

11.4.2　其次是首先接发球员的同伴，从左发球区发球；

11.4.3　然后是首先发球员的同伴；

11.4.4　接着是首先接发球员；

11.4.5 再接着是首先发球员，依此传递。

11.5 运动员在比赛中不得有发球、接发球顺序错误或在一局比赛中连续两次接发球（“规则”12 的情况除外）。

11.6 一局胜方的任一运动员可在下一局先发球；一局负方的任一运动员可在下一局先接发球。

12. 发球区错区

12.1 以下情况为发球区错误：

12.1.1 发球或接发球顺序错误；

12.1.2 在错误的发球区发球或接发球。

12.2 如果发现发球区错误，应在死球后予以纠正，已得比分有效。

13. 违例

以下情况均属违例：

13.1 不合法发球（“规则”9.1）。

13.2 球发出后：

13.2.1 停在网顶；

13.2.2 过网后挂在网上；

13.2.3 被接发球员的同伴击中。

13.3 比赛进行中，球：

13.3.1 落在场地界线外（即未落在界线上或界线内）；

13.3.2 未从网上越过；

13.3.3 触及天花板或四周墙壁；

13.3.4 触及运动员的身体或衣服；

13.3.5 触及场地外其他物体或人；

（关于比赛场馆的建筑结构问题，必要时，地方羽毛球竞赛承办机构可以制定羽毛球触及建筑物的临时规定，但其归属的世界羽联会员协会有否决权。）

13.3.6 被击时停滞在球拍上，紧接着被拖带抛出；

13.3.7 被同一运动员两次挥拍连续两次击中，但一次击球动作中球被拍框和拍弦面击中不属违例；

13.3.8　被同方两名运动员连续击中；

13.3.9　触及运动员球拍，而未飞向对方场区。

13.4　比赛进行中，运动员：

13.4.1　球拍、身体或衣服，触及球网或球网的支撑物；

13.4.2　球拍或身体，从网上侵入对方场区（击球时，球拍与球的接触点在击球者网这一方，而后球拍随球过网的情况除外）；

13.4.3　球拍或身体，从网下侵入对方场区，导致妨碍对方或分散对方的注意力；

13.4.4　妨碍对方，即阻挡对方紧靠球网的合法击球；

13.4.5　故意分散对方注意力的任何举动，如喊叫、做手势等。

13.5　运动员严重违犯或屡犯规则 16 的规定。

14. 重发球

14.1　由裁判员或运动员（未设裁判员时）宣报“重发球”，用于中断比赛。

14.2　以下情况为“重发球”：

14.2.1　发球员在接发球员未做好准备时发球，（“规则”9.5）；

14.2.2　在发球过程中，发球员和接发球员都被判违例；

14.2.3　发出的球被击回后，

14.2.3.1　球停在网顶；

14.2.3.2　球过网后挂在网上；

14.2.4　比赛进行中，球托与球的其他部分完全分离；

14.2.5　裁判员认为比赛被干扰或教练员干扰了对方运动员的比赛；

14.2.6　司线员未能看清，裁判员也不能做出裁决时；

14.2.7　遇到不可预见的意外情况。

14.3　“重发球”时，该次发球无效，原发球员重新发球。

15. 死球

以下情况为死球：

15.1　球撞网或网柱后，开始向击球者网这方的地面落下。

15.2　球触及地面。

15.3 宣报了“违例”或“重发球”。

16. 比赛连续性、行为不端及处罚

16.1 除规则 16.2、16.3 和 16.5.3 允许的情况外，比赛自第一次发球开始至该场比赛结束应是连续的。

16.2 间歇。

16.2.1 每局比赛，当一方先得 11 分时，允许有不超过 60 秒的间歇；

16.2.2 所有比赛中，局与局之间允许有不超过 120 秒的间歇。（有电视转播的比赛，裁判长可在该场比赛前决定变更规则 16.2 规定的间歇时间。）

16.3 比赛的暂停。

16.3.1 遇不是运动员所能控制的情况，裁判员可根据需要暂停比赛；

16.3.2 遇特殊情况，裁判长可要求裁判员暂停比赛；

16.3.3 如果比赛暂停，已得比分有效，恢复比赛时由该比分计起。

16.4 延误比赛。

16.4.1 不允许运动员为恢复体力、喘息或接受指导而延误比赛；

16.4.2 裁判员是“延误比赛”的唯一裁决者。

16.5 指导和离开场地。

16.5.1 在一场比赛中，死球时（“规则”15），允许运动员接受指导；

16.5.2 在一场比赛中，运动员未经裁判员允许不得离开场地（规则 16.2 规定的间歇除外）。

16.6 运动员不得有下列行为：

16.6.1 故意延误或中断比赛；

16.6.2 故意改变或损坏球，以此影响球的速度或飞行；

16.6.3 举止无礼；

16.6.4 规则未述的其他不端行为。

16.7 对违犯者的处罚。

16.7.1 对违犯规则 16.4.1、16.5.2 或 16.6 的运动员，裁判员应执行：

16.7.1.1 警告；

16.7.1.2 对已被警告过的一方判违例；或

16.7.1.3 对严重违犯或违犯规则 16.2 的一方判违例。

16.7.2　在判违犯方违例时（“规则”16.7.1.2 或 16.7.1.3），裁判员应立即报告裁判长；裁判长有权取消其该场比赛资格。

17. 技术官员职责和申诉受理

17.1　裁判长对比赛全面负责。

17.2　临场裁判员主持一场比赛，并管理该比赛场地及其紧邻的区域；裁判员对裁判长负责。

17.3　发球裁判员负责宣判发球员的发球违例（“规则”9.1.2 至 9.1.9）。

17.4　司线员负责宣判球在其分管线的落点是“界内”或“界外”。

17.5　除以下情况外，技术官员对其所分管职责内事实的宣判是最后的裁决：

17.5.1　当裁判员确认司线员明显错判时，允予纠正；

17.5.2　当有即时回放系统时，由该系统对球落点宣判的挑战予以裁决。

17.6　裁判员应：

17.6.1　维护和执行羽毛球比赛规则，及时宣判“违例”或“重发球”；

17.6.2　对在下一次发球前提出的申诉做出裁决；

17.6.3　确保运动员和观众能随时了解比赛进展情况；

17.6.4　与裁判长磋商后指派或撤换司线员或发球裁判员；

17.6.5　在技术官员不足时，对无人执行的职责做出安排；

17.6.6　在技术官员视线被挡时，执行其职责或判“重发球”；

17.6.7　记录并向裁判长报告与规则 16 有关的所有情况；

17.6.8　将仅与规则有关的申诉提交裁判长。（此类申诉必须在下次发球击出前提出；如果该场比赛结束，则应在申诉方离开场地前提出）

二、对技术官员的建议

1. 引言

1.1　世界羽联发布《对技术官员的建议》（下称《建议》）的目的，是期望所有国家能依据《羽毛球竞赛规则》使控制临场比赛的裁判工作标准化。

1.2　本《建议》向裁判员提出，在保证遵守比赛规则的同时，应严格、公正、不滥用职权地控制好比赛；同时对发球裁判员和司线员执行他们的职责给予指导。

1.3　所有技术官员都必须记住，比赛是为运动员的。

2. 技术官员及其职责

2.1　裁判员在裁判长的领导下工作，并向裁判长负责（“规则”17.2），（未设裁判长时，向竞赛负责人负责）。

2.2　发球裁判员一般由裁判长指派，但裁判长可予以撤换或经裁判员与裁判长商议后予以撤换（“规则”17.6.4）。

2.3　司线员一般由裁判长指派，但裁判长可予以撤换或经裁判员与裁判长商议后予以撤换（“规则”17.6.4）。

2.4　技术官员对其所分管职责内事实的宣判是最后的裁决。当裁判员确认司线员明显错判时，允予纠正（“规则”17.5）。有即时回放系统的场地，由该系统对球落点宣判的挑战予以裁决（“规则”17.5.2）。如果需要撤换司线员，应召唤裁判长商定（“规则”17.6.4 和“建议”2.3）。

2.5　当技官术员因视线被挡未能做出裁决时，由裁判员裁决。若裁判员也不能做出裁决时，则判“重发球”（“规则”17.6.6）。

2.6　临场裁判员主持一场比赛，并管理该比赛场地及其紧邻的区域。管理时限从该场比赛裁判员进入场地开始，直至该场比赛结束后离开场地为止（“规则”17.2）。

3. 对裁判员的建议

3.1　比赛开始前，裁判员应：

3.1.1　向裁判长领取记分表。

3.1.2　确保计分器正常工作。

3.1.3　确保网柱放置在双打边线上（“规则”1.5）。

3.1.4　检查网高，并保证球网两端与网柱之间没有空隙。

3.1.5　确定是否有羽毛球触及障碍物的补充规定。

3.1.6　确保发球裁判员和司线员明确各自的职责，位置安排正确（“建议”5和6）。

3.1.7　确保有足够数量并经检测的比赛用球(“规则”3)，避免延误比赛。(如果已指派了发球裁判员，按惯例，裁判员可将《建议》中3.1.3、3.1.4和3.1.7的职责委托给发球裁判员。)

3.1.8　检查运动员服装的颜色、图案、字样和广告是否符合规定；并确保违规情况能得到纠正。有关违犯服装规定的任何裁定，都必须在该场比赛前报告裁判长或相应的竞赛负责人，如赛前无法报告，则应在该场比赛结束后立即报告。

3.1.9　公正地执行“挑边”，确保赢方和输方进行正确的选择（“规则”6），并记录挑边的结果。

3.1.10　双方比赛时，记下开局时站在右发球区的运动员姓名，以便随时检查发球时运动员是否站在正确的发球区内。每局开始时都必须做相应的记录。

3.2　比赛开始，裁判员应按以下形式宣报。介绍运动员时，手相应地指向右边或左边。(W、X、Y、Z表示运动员姓名，A、B、C、D表示国名或地区名。)

单打

单项赛

“女士们、先生们，在我右边‘X、A’，在我左边‘Y、B’；‘X’发球，比赛开始，0比0。”

团体赛

“女士们、先生们，在我右边‘A’、‘X’，在我左边‘B’、‘Y’。‘A’发球，比赛开始，0比0。”

双打

单项赛

“女士们、先生们，在我右边‘W、A’和‘X、B’，在我左边‘Y、C’和‘Z、D’；‘X’发球，‘Y’接发球，比赛开始，0比0。”

如果两名配对的双打运动员代表同一个国家或地区，则先宣报该两名运动员的姓名后，再报其国名或地区名，如“W和X，A”。

团体赛

“女士们、先生们，在我右边‘A’‘W’和‘X’，在我左边‘B’‘Y’和‘Z’；‘A’‘X’发球，‘Y’接发球，比赛开始，0比0。”

裁判员宣报“比赛开始”，即为一场比赛的开始。

3.3　比赛中

3.3.1　裁判员：

3.3.1.1　应使用竞赛规则三中的“技术官规范用语”。

3.3.1.2　应记录和报分。报分时，总是先报发球员的分数。

3.3.1.3　如果指派了发球裁判员，发球时裁判员主要关注接发球员。但必要时，也可宣报“发球违例”。

3.3.1.4　应随时注意计分器的显示是否正确。

3.3.1.5　需要裁判长帮助时，将右手高举过头。

3.3.1.6　当需要使用即时回放系统对球落点的宣判做出裁决时，将左手高举过头。

3.3.2　当一方输了一回合而失去发球权时（“规则”10.3.2 和 11.3.2），应宣报：

“换发球。”

随后，先报新发球方的分数，接着报新接发球方的分数。必要时，用适当的手势同时指向新发球员及其正确的发球区。

3.3.3　只有裁判员才可宣报“比赛开始”或“继续比赛”，以表明：

3.3.3.1　一场或一局比赛的开始，或交换场区后一局比赛的继续。

3.3.3.2　比赛中断后恢复比赛。

3.3.3.3　裁判员要求运动员继续比赛。

3.3.4　当违例发生时，裁判员应宣报“违例”。以下情况除外：

3.3.4.1　发球裁判员根据规则 13.1 宣报发球“违例”（“规则”9.1）时，裁判员应宣报“发球违例”以确认这一裁决，裁判员在判接发球违例时，宣报“接发球违例”。

3.3.4.2　司线员根据比赛规则 13.3.1 所述的“违例”，做了宣报或出示了手势（“建议”6.2）。

3.3.4.3　属于规则 13.2.1、13.2.2 或 1 3.3.2 情况所述的“违例”，只有在有必要向运动员或观众表明时，才宣报“违例”。

3.3.5　当一局比赛领先方得 11 分时，该回合一结束，应立即宣报“换发球”（需要时），随后报比分和“间歇”，不受观众鼓掌、欢呼的影响，马上执行规则 16.2.1 有关“间歇”的规定，间歇时间从此时算起。在“间歇”期间，发球裁判员要确保场地被擦干净。

3.3.6　在一局比赛领先方得分 11 分的间歇中（“规则”16.2.1），40 秒时，应重复宣报：

“……号场地 20 秒。”

每局交换场区，以及第三局交换场区的间歇中（“规则”16.2.1），允许双方各有不超过两人进入场地。当裁判员宣报“……号场地 20 秒”时，这些人员应离开场地。间歇后恢复比赛时宣报“继续比赛”，并再次宣报比分。如果运动员不需要规则 16.2.1 规定的间歇，可继续比赛。

3.3.7　延伸比赛。

3.3.7.1　在每局比赛领先方得 20 分时，要宣报“局点”或“场点”。

3.3.7.2　每局比赛中任何一方分数达到 29 分时，都应宣报“局点”或“场点”。

3.3.7.3　有关《建议》3.3.7.1 和 3.3.7.2 的宣报，要在报分之前进行。用英语宣报时，“局点”或“场点”总是在发球方分数后，接发球方分数前。

3.3.8　每一局最后一个回合结束，必须立即宣报“……局比赛结束”，而不受鼓掌、喝彩声等影响。规则 16.2.2 允许的间歇时间从此时开始算起。

第一局结束后，宣报：

“第一局比赛结束，……（运动员姓名或团体赛的队名）胜……（比分）。”

第二局结束后，宣报：

“第二局比赛结束，……（运动员姓名或团体赛的队名）胜……（比分），局数 1 比 1。”

每局结束，发球裁判员都应保证场地被擦干净；间歇时将间歇标志放置网下方场地中央。

如果胜这一局即胜该场比赛，则宣报：

“比赛结束。”接着宣报“……（运动员姓名或团体赛的队名）胜……（各局比分）。”

3.3.9　在第一局和第二局、第二局和第三局间的间歇中（规则 16.2.2），100 秒时，应重复宣报：

“……号场地 20 秒。”

间歇（“规则”16.2.2）中，允许双方各有不超过两人在运动员交换场区后进入场地。

当裁判员宣报“……号场地20秒”时，这些人应离开场地。

3.3.10　第二局比赛开始时，宣报：

“第二局比赛开始，0比0。”

如果要赛第三局，比赛开始时，宣报：

“决胜局比赛开始，0比0。”

3.3.11　第三局或只进行一局的比赛，当领先方得11分时（“规则”8.1.3），宣报“换发球”（需要时），再报分，接着再宣报“间歇，交换场区”。间歇后比赛开始，应宣报“继续比赛”并再次报分。

3.3.12　一场比赛结束后，应立即将记录完整的记分表送交裁判长。

3.4　球落点的宣判

3.4.1　球落在界线附近或无论界外多远，裁判员都应看司线员。司线员对其看管线附近球的落点的裁决负全责（下列3.4.2或3.4.4的情况除外）。

3.4.2　若裁判员确认司线员明显错判，则应宣报：

3.4.2.1　“纠正，界内。”（如球落在界内）

3.4.2.2　“纠正，界外。”（如球落在界外）

3.4.3　未设司线员或司线员未能看清时，裁判员应立即宣报：

3.4.3.1　“界外。”接着再报比分（球落在界线外）；报分前加报“换发球”（需要时）。

3.4.3.2　“比分。”（球落在界线内）报分前加报“换发球”（需要时）。

3.5　比赛时，应注意并处理以下情况

3.5.1　运动员将球拍掷入对方场区或从网下滑入对方场区，并因此妨碍或分散对方注意力，应根据规则13.4.3或13.4.2，判违例。

3.5.2　球从邻场侵入场区时，以下情况不判“重发球”。如果裁判员认为：

3.5.2.1　未引起运动员注意。

3.5.2.2　未妨碍或干扰运动员比赛。

3.5.3　对正在击球的同伴大声喊叫，不应视为分散对方注意力。向对方叫喊“别接”“违例”等，则应视为分散对方注意力（“规则”13.4.5）。

3.5.4　运动员离开场地。

3.5.4.1　除规则16.2规定的间歇外，运动员未经裁判员同意，不得离开比赛场地（“规则”16.5.2）。

3.5.4.2　应提醒违犯方，离开场地必须经裁判员同意（“规则”16.5.2）。必要时执行规则16.7的规定。但允许运动员在对击中到场边更换球拍。

3.5.4.3　比赛中，如果比赛未被不当中断，裁判员可允许运动员迅速地擦汗或喝水。

3.5.4.4　如需要擦地板时，在擦地板结束前运动员应在场地内。

3.5.5　延误和中断比赛。

不允许运动员故意中断或延误比赛（“规则”16.4）；制止其在场地做不必要的兜圈走动；必要时执行规则16.7的有关规定。

3.5.6　场外指导。

3.5.6.1　一旦双方运动员准备好比赛，以及比赛进行中都应制止场外指导（“规则”16.5.1）。

3.5.6.2　确保：

3.5.6.2.1　比赛中，教练员坐在指定的椅子上，不得站在场边（除“规则”16.2允许的间歇外）；

3.5.6.2.2　教练员不得分散运动员的注意力或使比赛中断；

3.5.6.2.3　比赛进行中，教练员不得试图以任何方式与对方运动员、教练员、随队官员交流，或以任何目的使用电子设备。

3.5.6.3　如果裁判员认为比赛被干扰，或教练员分散了对方运动员的注意力，则判“重发球”（“规则”14.2.5）。再次出现该情况时，立即召唤裁判长。

3.5.6.4　裁判长应确保所有教练员及随队官员遵守其行为规范（“教练员随队官员行为规范”）。

3.5.7　换球。

3.5.7.1　比赛时，换球应公正。裁判员应对是否换球作出决定。

3.5.7.2　球的速度或飞行受到干扰时，应换球。必要时执行规则16.7的有关规定。

3.5.7.3　裁判长是决定球速的唯一裁决者。如果比赛双方均要求更换球速，应立即召唤裁判长。必要时，可以试球。

3.5.8　比赛时伤、病的处理。

3.5.8.1　裁判员应谨慎、灵活地处理比赛时运动员的伤、病，迅速、准确地判定伤、病的严重程度。必要时召唤裁判长。

裁判长必须决定是否需要医务人员或其他人员进场。医务人员应对运动员进行检查，并告知伤病的严重程度。如出血，应暂停比赛，直至止血或伤口得到妥善处理为止。

对治疗应实行有效管理，不得因治疗而延误比赛。

3.5.8.2　裁判长应告知裁判员，该运动员恢复比赛可能需要的时间。裁判员应监控所用时间。

3.5.8.3　处理时，裁判员应确保不给对方造成不利影响，同时恰当地执行规则 16.4、16.5、16.6.1 和 16.7 的规定。

3.5.8.4　由于伤、病或其他不可避免的原因，造成比赛中断，应及时询问该运动员：

“你要弃权吗？”

如果回答是肯定的，应宣报：

“……（运动员姓名或队名）弃权；

“……（运动员姓名或队名）胜，……（比分）。”

3.5.9　手机。

比赛中，如果运动员的手机在场地或其紧邻的区域响铃，应视为违犯规则 16.6.4 的规定，按规则 16.7 规定进行相应处罚。

3.5.10　运动员场上的行为。

3.5.10.1　裁判员应确保运动员在场上的举止符合运动员行为规范。

3.5.10.2　任何违犯运动员行为规范 4.5 至 4.7 和 4.11 至 4.17 的行为（“运动员行为规范”），均应视为违犯规则 16.6.4。

3.6　比赛暂停

如果比赛暂停，应宣报：

“比赛暂停。”并记录比分、发球员、接发球员、正确的发球区和场区。

恢复比赛时，应记录暂停持续的时间，确认运动员的正确站位，并询问：

“准备好了吗？”

再宣报“继续比赛”和比分。

3.7　行为不端

3.7.1　记录并向裁判长报告任何不端行为及其处理。

3.7.2　当裁判员对违犯规则 16.4.1、16.5.2 或 16.6 的违犯方警告（“规则” 16.7.1.1）时，应召该违犯运动员：

“到这里来。”

并宣报：

“警告，……（运动员姓名）行为不端。”同时，右手持黄牌举过头顶（附图 -4）。

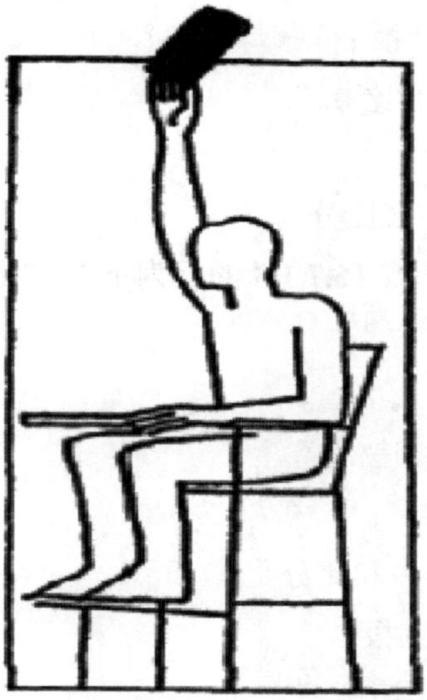

附图 -4

3.7.3　当裁判员按规则 16.7.1.2 或 16.7.1.3 对严重违犯或屡犯规则 16.2、16.4.1、16.5.2 或 16.6 的一方判违例，并拟向裁判长建议取消该运动员比赛资格时，应召该违犯运动员：

“到这里来”。

并宣报：

“违例，……（运动员姓名）行为不端。”

同时，右手持红牌举过头顶，并召唤裁判长。

3.7.4　在裁判长决定取消该方运动员比赛资格时，将黑牌交给裁判员。

裁判员应召该违犯运动员：

“到这里来。”

并宣报：

“……（运动员姓名），行为不端，取消比赛资格。”

同时，右手持黑牌举过头顶。

任何由于行为不端而被取消比赛资格的运动员将取消其整个赛事的比赛资格。

3.7.5 间歇期间的行为不端（“规则”16.2）的处理方法，与一局中的行为不端的处理方法相同。出现行为不端后，马上按建议 3.7.2 至 3.7.3 的要求宣报。

局间间歇恢复比赛时宣报：

“……局，比赛开始，0 比 0。”

11 分间歇后则宣报：

“继续比赛，11 比……（比分）。”

如是违犯规则 16.7.1.2 或 16.7.1.3 的行为不端，局间间歇后裁判员应宣报：

“……局，0 比 0。”

随后宣报：

“……（运动员姓名），违例。”

必要时加报：“换发球。”

接着宣报：“比赛开始”和比分。

11 分间歇后裁判员应宣报：

“……（运动员姓名），违例。”

必要时加报：“换发球。”

接着宣报：“继续比赛”和比分。

如是运动员被裁判长取消比赛资格，则随后宣报：

“……（运动员姓名），行为不端，取消比赛资格。”

然后，按建议 3.3.8 宣报。

3.7.6 赛前或赛后在比赛场地出现的行为不端应按“建议”3.7.2 至 3.7.4 规定处理。记录任何此类不端行为以及采取的措施并报告裁判长，但不影响该场比赛的比分。

4. 裁判员工作的基本要求

4.1 通晓《羽毛球竞赛规则》。

4.2 宣报要迅速而有权威，如有错误应承认，并道歉更正。

4.3 所有的宣判和报分，都必须响亮、清晰，使运动员和观众都能听清。

4.4 对是否发生违例有怀疑时，不应宣判“违例”，应让比赛继续进行。

4.5 决不可询问观众或受他们评论的影响。

4.6 加强与其他临场裁判人员的配合。例如，慎重地接受司线员的裁决，与他们建立良好的工作关系。

4.7 穿着得体的制服，包括在未提供裁判制服时，遵守“裁判员服装规定”（“规程”24）。

5. 对发球裁判员的要求

5.1 发球裁判员应坐在网柱旁的矮椅上，最好是在裁判员的对面。

5.2 发球裁判员负责宣判发球员的发球是否合法（“规则”9.1.2 至 9.1.9）。如不合法，则大声宣报“违例”，并用规定的手势表明违例的类型。

5.3 规定的手势（附图 -5 至附图 -9）。

5.4 裁判员可给发球裁判员安排额外的任务，但要事先通知运动员。

规则发球 9.1.8

发球时，（“规则”9.2，9.3），发球员的球拍未连续向前挥动（附图 -5）。

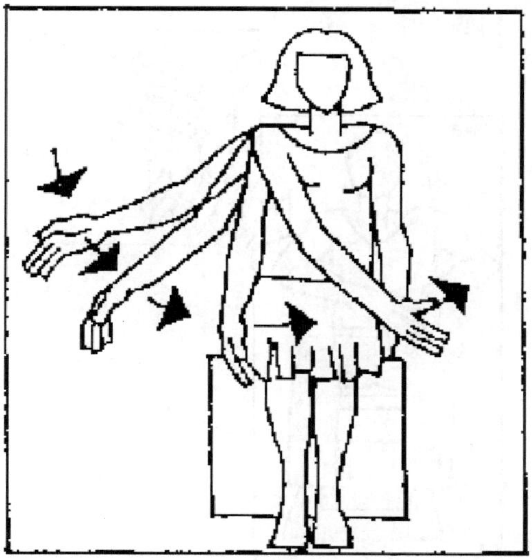

附图 -5

规则 9.1.3 和 9.1.4

从发球开始至发球结束前（“规则” 9.2，9.3），发球员和接发球员未站在斜对角各自的发球区内，或他们的脚触及该发球区的界线，或一脚或双脚没有与发球区的地面接触或者移动（附图 -6）。

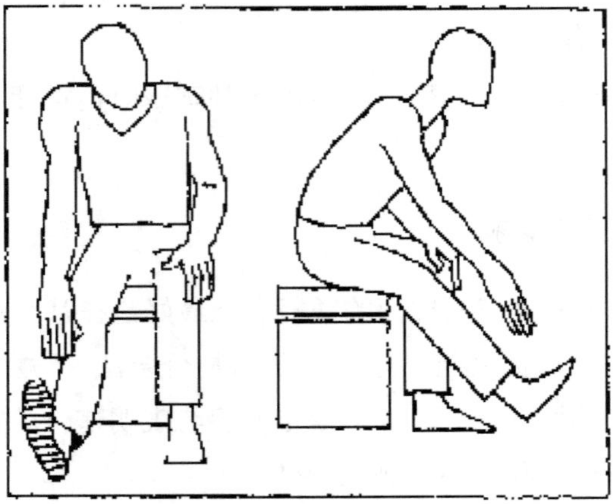

附图 -6

规则 9.1.5

发球时，发球员球拍的最初击球点不在球托上（附图 -7）。

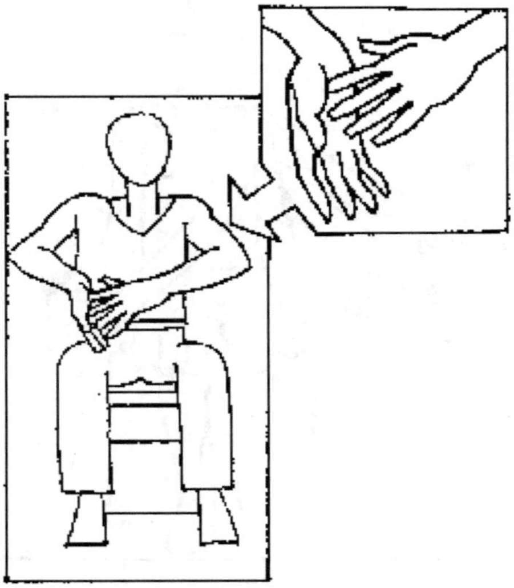

附图 -7

规则 9.1.6

发球员球拍击中球的瞬间，球的整体未低于发球员的腰部（附图 -8）。

附图 -8

规则 9.1.7

发球员球拍击中球的瞬间，发球员的拍杆和拍头未指向下方（附图 -9）。

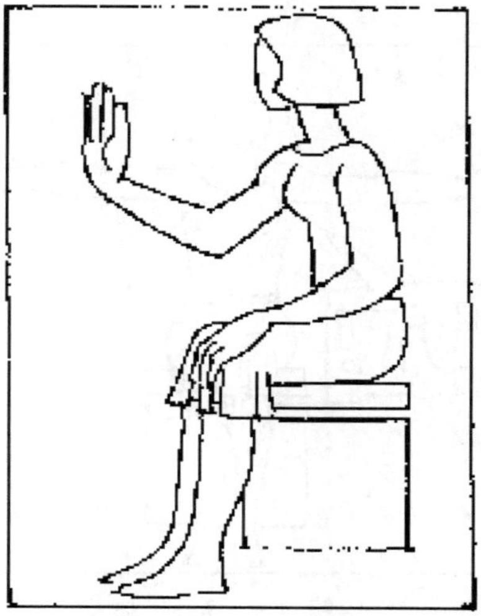

附图 -9

6. 对司线员的要求

6.1　司线员应坐在他所负责的线的延长线上，最好面向裁判员（附图 -13、附图 -14）。

6.2　司线员对所负责的线负全责。以下情况除外：裁判员判定司线员有明显错判，纠正司线员的裁决；或有即时回放系统的场地，司线员的宣判或裁判员纠正司线员的宣判受到运动员的挑战时，由裁判长对此作出裁决（“规则”17.5.2，第一节 四）。

6.2.1　如球落在界外，无论多远均应立即大声、清晰地宣报“界外”，使运动员和观众都能听清，同时两臂侧平展，使裁判员能看得清。

6.2.2　如球落在界内，不宣报，只用右手指向界线。

6.3　如未能看清，应立即举起双手盖住眼睛，向裁判员示意。

6.4　在球触地前，不得宣报或做手势。

6.5　只负责宣判球的落点，不要预期裁判员的裁决。例如球触及运动员等等。

6.6　标准手势如下：

界外（OUT）

如球落在界外，无论多远均应立即大声、清晰地宣报“界外”，使运动员和观众都能听清，同时两臂侧平展，使裁判员能看得清（附图 -10）。

附图 -10　界外手势

界内

如球落在界内，不宣报，只用右手指向界线（附图 -11）。

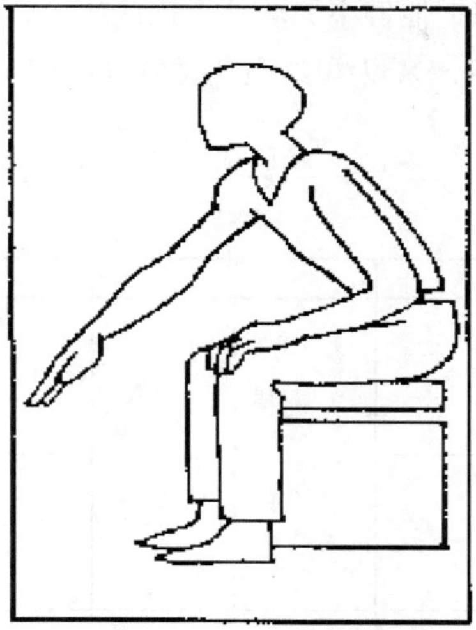

附图 -11　界内手势

未能看清

如未能看清，应立即举起双手盖住眼睛，向裁判员示意（附图 -12）。

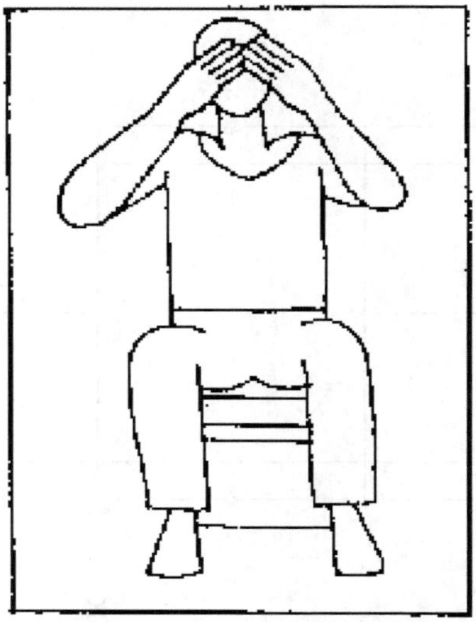

附图 -12　未能看清手势

7. 司线员的位置

在实际安排时，建议司线员的位置，应距离场地界线 2.5 至 3.5 米；在安排他们的位置时，要注意保护他们不受场外干扰，如摄影记者的影响等。

司线员位置示意如下，× 为司线员的位置（附图 -13、附图 -14）。

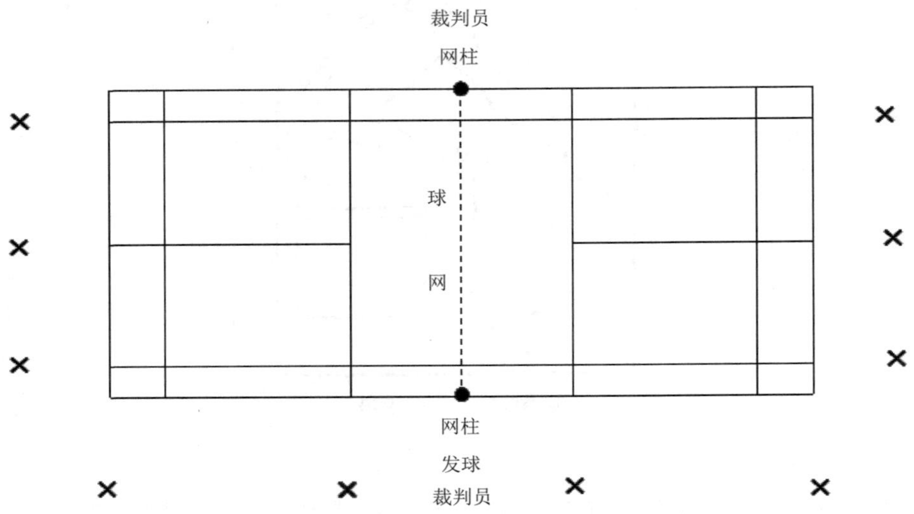

附图 -13　单打司线员位置图（单打）

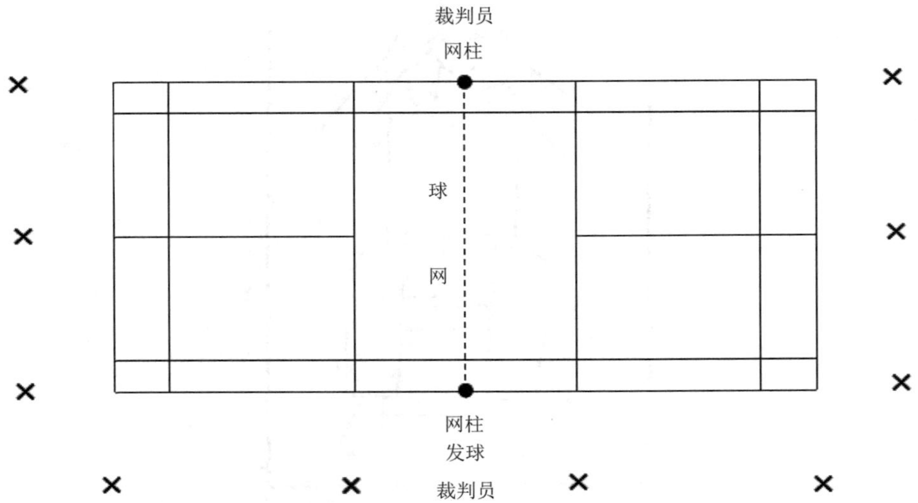

附图 -14　双打司线员位置图（双打）

8. 记分表使用方法

8.1 裁判员记分表采用在每一回合结束后记下分数，并将双方分数错开（0比0时除外）的展开式记分方法。（即每局比分按实际得分情况一直往下记录，一排双行小格不够记完一局比分，则用两排直至该局比分完整记录为止。下一局比赛的比分另起一排开始，以同样方式记录）。比分分别记录在一排双行小格内（比赛双方各一行），一对垂直小格只记录一个分数。每一对垂直小格代表一个回合。该方法有助于判定哪一方胜该回合，并持有发球权(因为，除该局的开始外，发球方的分数总是在前，即总在最靠右的格子里)。

如果记满一排双行小格还不够记完一局比分，则在第二排双行小格继续记分。

比分必须以清楚准确的数字记录。注意：记分表是帮助裁判员在其未记清场上确切情况而出现“慌乱”时的辅助工具，因此记分表必须尽可能清晰以减少出错。同时也是在出现申诉时帮助裁判长做出决定的辅助手段。

单打

甲	S	0	1				2	3	4				5	6			7	8		9
乙		0		1	2	3				4	5	6			7	8			9	

双打

甲方 1							2	3	4								7	8		
甲方 2	S	0	1										5	6						9
乙方 1				1	2	3									7	8				
乙方 2	R	0								4	5	6							9	

注：先记分，然后抬头报分以突出你的声音。

8.2 羽毛球裁判员记分表使用说明

赛前细目：一拿到记分表，在进入场地前须完成记分表细目的填写（若非电脑完成）。

8.2.1 预备阶段

8.2.1.1 “S”（发），“R”（接）——发球员和接发球员。挑边时，当双方做出各自的选择后填写。单打时，只标明发球员即可。

8.2.1.2 “L”（左），“R”（右）——在裁判椅的左边和右边开局的运动员。挑边时，当双方做出各自的场区选择后填写。

8.2.1.3 “0’——比赛开始前，在首先发球员和首先接发球员处记下。

8.2.1.4 开始时间——记下当裁判员宣报“比赛开始”时的时间。

8.2.1.5 用球记录——从比赛开始的首个用球起以及后续的每次换球，都要予以记录。

8.2.2 比赛进行中

8.2.2.1 将新分数写在赢得该回合的运动员所在的那一排靠右的下一个小格。

8.2.2.2 双打时，接发球方的运动员只有在本方发球并赢得 1 分时才互相交换发球区。因此，当一方失去发球权时，当次发球的运动员应继续站在其上一回合发球的同一发球区，直至本方再次赢得发球权并赢得 1 分。

8.2.2.3 如果接发球方赢得 1 分而“换发球”，则在下一小格记下他们的新分数（最后记录的小格总是属于发球一方的）。

8.2.2.4 比分为 20 比 20 时——在下一小格内画一斜线。

8.2.2.5 如果出现以下所列情形，将相应的字母写在相应一方的下一小格内。

情形	记录 / 用字母表示
警告（行为不端）	W
违例（行为不端）	F
召唤裁判长进入场地	R
比赛暂停	S
受伤	I
被裁判长取消比赛资格	Disqualified
弃权	Retired
纠正发球区错误	C
纠正司线员的宣判	O

8.2.2.6 在记分表的下端写下上述情形的相应细节。如果位置不够，则写在记分表的背面，并标明“请看记分表背面注释”。

8.2.2.7 如裁判员纠正了司线员的宣判，则用“O”标示。

8.2.2.8 如果在一场比赛中出现纠正发球区错误的情况，用“C”标示。

8.2.2.8.1　记在错误一方的前面。

8.2.2.8.2　记在错误被纠正的分数所对应的一栏小格内。

8.2.2.8.3　如果是发球方错误：记在其分数的上方或下方（以具体情况而定）。

8.2.2.8.4　如果是接发球方错误：记在首行。

8.2.3　一局比赛结束

8.2.3.1　记下一局结束的比分，且在双方比分之间画一斜线，并圈起该比分。

8.2.3.2　在记分表的上端填写该局结束的比分。

8.2.3.3　在下一局开始时，在首先发球员和首先接发球员处记下“0”。

8.2.3.4　记下下一局的“S”（发球）和“R”（接发球）。

8.2.4　比赛结束

8.2.4.1　记下最后一局结束的比分，并圈起该比分。

8.2.4.2　结束时间——记下比赛结束的时间，指裁判员在最后一局比赛结束定出胜负时宣报“比赛结束”时的时间。

8.2.4.3　在记分表的上端填写最终的比分。

8.2.4.4　在记分表上端将胜方的运动员姓名圈起。

8.2.5　比赛结束后

8.2.5.1　比赛用时——计算并记下该场比赛所以时间。

8.2.5.2　在填写完整的记分表上签名。

8.2.5.3　请裁判长审核后再记分表上签名，并交给竞赛管理或编排长（附表 -3 ～附表 -6）。

三、技术官员规范用语

裁判员应使用本规范用语控制一场比赛。

1. 宣报及介绍

1.1　女士们、先生们：

1.1.1　在我右边……（运动员姓名）……（国名 / 队名），在我左边……（运动员姓名）……（国名 / 队名）。

1.1.2　在我右边……（双打运动员姓名）……（国名 / 队名），在我左边……（双打运动员姓名）……（国名 / 队名）。

1.1.3　在我右边……（国名 / 队名）……（运动员姓名），在我左边……（国名 / 队名）……（运动员姓名）。

1.1.4　在我右边……（国名 / 队名）……（双打运动员姓名），在我左边……（国名 / 队名）……（双打运动员姓名）。

1.2

1.2.1　……（运动员姓名）发球。

1.2.2　……（国名 / 队名）发球。

1.3

1.3.1　……（运动员姓名）发球，……（运动员姓名）接发球。

1.3.2　……（运动员姓名）发球，……（运动员姓名）接发球。

介绍时，可选择下表相应的内容宣报：

比赛项目	单打	双打
单　项	1.1.1、1.2.1	1.1.2、1.3.1
团　体	1.1.3、1.2.2	1.1.4、1.2.2、1.3.2

2. 比赛开始及报分

2.1　0 比 0。

2.2　比赛开始或继续比赛。

2.3　换发球。

2.4　间歇。

2.5　……号场地 20 秒。

2.6　局点，……比……，例：局点，20 比 6 或局点，29 比 28。

2.7　场点，……比……，例：场点，20 比 8 或场点，29 比 28。

2.8　局点，……比……，例：局点，29 比 29 。

2.9　场点，……比……，例：场点，29 比 29。

2.10　比赛结束。

2.11　第一局比赛结束……（运动员姓名，团体赛用国名 / 队名）胜，……比……。

2.12 第二局。

2.13 第二局比赛结束……（运动员姓名，团体赛用国名/队名）胜，……比……。

2.14 局数 1 比 1。

2.15 决胜局。

3. 一般用语

3.1 过来挑边。

3.2 谁发球？

3.3 选择场区。

3.4 谁接发球？

3.5 准备好了吗？

3.6 准备比赛。

3.7 把包放好。

3.8 从……发球。

3.9 在……接发球。

3.10 右发球区。

3.11 左发球区。

3.12 发球时，你没有击中球。

3.13 接发球员没有准备好。

3.14 你试图接发球了。

3.15 你不得干扰司线员。

3.16 你不得干扰发球裁判员。

3.17 到这里来。

3.18 这个球可以吗？

3.19 试球。

3.20 换球。

3.21 不换球。

3.22 重发球。

3.23 交换场区。

3.24 你们没有交换场区。

3.25 你的发球区错误。

3.26 你的接发球区错误。

3.27 发球顺序错误。

3.28 接发球顺序错误。

3.29 不得改变球形。

3.30 球从网中穿过。

3.31 球未从网上越过。

3.32 球触到你。

3.33 你触网。

3.34 球飞入场区。

3.35 你站错发球区。

3.36 你干扰对方。

3.37 你的教练员干扰对方。

3.38 两次击球。

3.39 拖带球。

3.40 侵入对方场区。

3.41 妨碍对方。

3.42 你要弃权吗？

3.43 接发球违例。

3.44 发球违例。

3.45 延误发球，比赛必须连续。

3.46 不得延误比赛。

3.47 你未经批准离开场地。

3.48 比赛暂停。

3.49 警告，……（运动员姓名）行为不端。

3.50 违例，……（运动员姓名）行为不端。

3.51 ……（运动员姓名）“行为不端，取消比赛资格”。

3.52 违例。

3.53 重发球。

3.54　界外。
3.55　司线员，做手势。
3.56　发球裁判员，做手势。
3.57　纠正，“界内”。
3.58　纠正，“界外”。
3.59　擦地板。
3.60　教练员离开场地。
3.61　关闭手机。

4. 比赛结束

4.1　比赛结束……（运动员姓名 / 队名）胜，……（各局比分）。
4.2　……（运动员姓名 / 队名），弃权。
4.3　……（运动员姓名 / 队名），取消比赛资格。

5. 分数

0 比 30。

附录二　羽毛球比赛通用规程

一、比赛项目

1. 团体赛

男子团体、女子团体、男女混合团体。
团体比赛常用的两种方式：
1.1　三场制
1.1.1　每队 2 至 4 人参加比赛。两名单打、一对双打，共进行三场比赛。
1.1.2　比赛场序为：单、双、单，或单、单、双。
1.1.3　采用三场两胜制，亦可赛完三场后以获胜场数多者为胜队。
1.2　五场制

1.2.1　每队 4 至 9 人参加比赛。三名单打、两对双打，混合团体赛为两名单打、三对双打（可由单打运动员兼），共进行五场比赛。

1.2.2　比赛场序为：单、单、双、双、单，单、单、单、双、双或单、双、单、双、单。

1.2.3　混合团体比赛场序为：男单、女单、男双、女双、混双。

1.2.4　裁判长根据运动员兼项情况可调整场序。

1.2.5　采用五场三胜制，亦可赛完五场后以获胜场数多者为胜队。

在一次团体赛中，一名运动员不得在同一项目中出场两次。

2. 单项比赛

男子单打、女子单打、男子双打、女子双打、混合双打。

二、比赛方法

一般采用单淘汰赛和单循环赛两种。有时也可以综合这两种比赛方法的优点，采用阶段赛方法，如：第一阶段分组循环，第二阶段淘汰赛。

1. 单循环赛

参加比赛的运动员（对、队）之间轮流比赛一次，为单循环赛。

循环赛由于参加运动员（对、队）之间比赛的机会多，有利于相互学习，共同提高，能更为合理地赛出名次。但循环赛场数多，比赛时间长，使用场地数量也多，因此循环赛的人数（对、队）不宜过多。在人数（对、队）过多时，可采用分组循环赛的办法。采用分组循环赛时，一般以 4 至 6 人（对、队）为一组比较适宜。

1.1　轮数和场数

在循环赛中，每一运动员（对、队）出场比赛一次，称为“一轮”。当人（对、队）数为偶数时，轮数＝人（对、队）数－1；人（对、队）数为奇数时，轮数＝人（对、队）数。

$$场数=\frac{人（对、队）数\times[人（对、队）数）-1]}{2}$$

1.2 顺序的确定

单循环赛常采用“1 号位固定逆时针轮转法”。如果一组中有同单位的运动员（对、队），应首先进行比赛。逆时针轮转法是 1 号位置固定不动，其他位置每轮逆时针方向轮转一个位置，即可排出下一轮比赛顺序。

例：6 人（对、队）参加比赛的轮转法

第一轮	第二轮	第三轮	第四轮	第五轮
1—6	1—5	1—4	1—3	1—2
2—5	6—4	5—3	4—2	3—6
3—4	2—3	6—2	5—6	4—5

		1	2	3	4	5	6	胜次	净胜	名次
		A	B	C	D	E	F			
1	A									
2	B									
3	C									
4	D									
5	E									
6	F									

当人（对、队）数为单数时，用“0”补成偶数，然后按逆时针轮转排出各轮比赛顺序。其中遇到“0”者为轮空。

例：5 人（对、队）参加比赛的轮转法

第一轮	第二轮	第三轮	第四轮	第五轮
1—0	1—5	1—4	1—3	1—2
2—5	0—4	5—3	4—2	3—0
3—4	2—3	0—2	5—0	4—5

1.3 决定名次的方法

循环赛名次按 1.3.1 至 1.3.9 规定确定。

单项赛

1.3.1 按获胜场数定名次。

1.3.2 两名（对）运动员获胜场数相等，则两者间比赛的胜者名次列前。

1.3.3 三名（对）或三名（对）以上运动员获胜场数相等，则按在该组比赛的净胜局数定名次。

1.3.4　计算净胜局数后，如还剩两名（对）运动员净胜局数相等，则两者间比赛的胜者名次列前。

1.3.5　计算净胜局数后，还剩三名（对）或三名（对）以上运动员净胜局数相等，则按在该组比赛的净胜分数定名次。

1.3.6　三名（对）或三名（对）以上运动员获胜场数相等，净胜局数亦相同，则按在该组比赛的净胜分数定名次。

1.3.7　计算净胜分数后，如还剩两名（对）运动员净胜分数相等，则两者间比赛的胜者名次列前。

1.3.8　如还有三名（对）或三名（对）以上运动员净胜份数相等，则以抽签定名次。

团体赛

1.3.9　团体赛按以上办法，依胜次、净胜场数、净胜局数、净胜分数顺序计算成绩，乃至抽签定名次。

1.4　分组循环赛与种子的分布

在参加人（对、队）数较多的情况下，为了不过多增加比赛的场数和延长比赛的日期，又能排定各队的名次，常采用分组循环赛的办法。组数确定后，可用抽签的方法进行分组，也可采用“蛇形排列方法”进行分组。如以团体赛16个队分成四组为例，则按下述分组：

第一组	1、8、9、16
第二组	2、7、10、15
第三组	3、6、11、14
第四组	4、5、12、13

上表中的数字是各队的顺序号，它是按照各队实力强弱排列的。也就是说，数字越小，实力越强。

用抽签方法进行分组时，如仍以上述16个队为例，则须先确定4个或8个种子。把种子顺序排列出来，然后按上述“蛇形排列方法”或“抽签方法”进行分组。最后非种子队用抽签方法抽进各组。

2. 单淘汰赛

淘汰赛由于比赛一轮淘汰 1/2 的运动员（对、队），可使比赛的场数相对减少，所以在时间短、场地少的情况下，采用单淘汰能接受较多的运动员(对、队)参加比赛，并可使比赛逐步走向高潮，一轮比一轮紧张激烈。按体育竞赛的特点来说，淘汰赛是一种比较好的比赛方法。但由于负一场就被淘汰，所以大部分运动员或队（特别是实力比较弱的）参加比赛的机会较少，所产生的名次也不尽合理。

2.1　轮数和场数

单淘汰赛的轮数等于或大于最接近运动员人（对、队）数的 2 的乘方数的指数，是 2 的几次方即为几轮。

场数＝人（对、队）数－ 1 ＋附加赛场数

2.2　轮空位置的分布

当参加比赛的人（对、队）数为 4、8、16、32、64、128 或较大的 2 的乘方数时，他们应按比赛顺序成双相遇进行比赛，如图附 -15 所示。

当参加比赛的人（对、队）数不是 2 的乘方数时，第一轮应有轮空。轮空数等于下一个较大的 2 的乘方数减去比赛的人（对、队）数的差。轮空数为双数时，应平均分布在淘汰表的不同的 1/2 区，1/4 区，1/8 区，1/16 区（种子位置和轮空位置见汇总表）。如轮空位置为单数，则上半区应比下半区多一个轮空。

例：9 个单位参加比赛，轮空数位 16 － 9=7；3 个轮空在下半区，4 个轮空在上半区。这样，第一轮只有一场比赛。

5 人（对、队）比赛，2 个轮空在上半区，1 个轮空在下半区。

6 人（对、队）比赛，1 个轮空在上半区，1 个轮空在下半区。

7 人（对、队）比赛，1 个轮空在上半区。

8 人（对、队）比赛，没有轮空。

第一轮　　第二轮　　第三轮
（半决赛）（决赛）

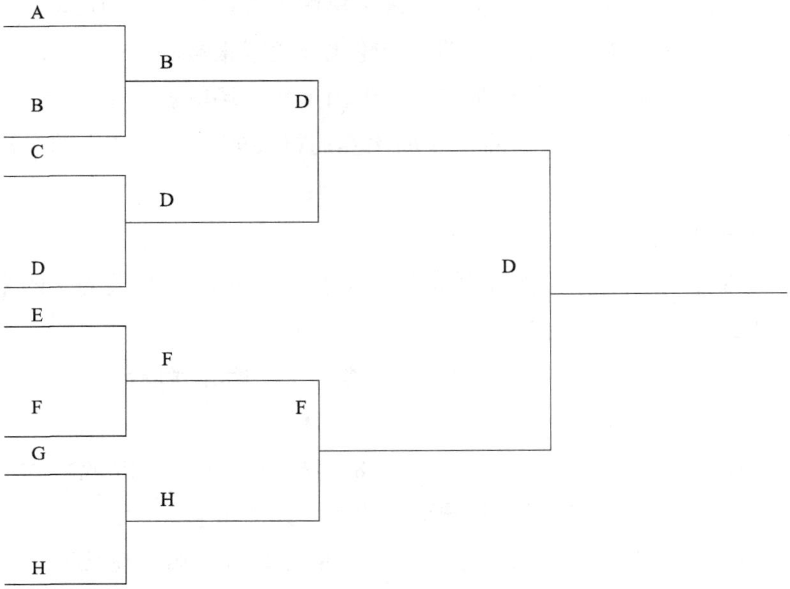

9 人（对、队）比赛，4 个轮空在上半区，3 个轮空在下半区。

10 人（对、队）比赛，3 个轮空在上半区，3 个轮空在下半区。

11 人（对、队）比赛，3 个轮空在上半区，2 个轮空在下半区。

12 人（对、队）比赛，2 个轮空在上半区，2 个轮空在下半区。

13 人（对、队）比赛，2 个轮空在上半区，1 个轮空在下半区。

14 人（对、队）比赛，1 个轮空在上半区，1 个轮空在下半区。

15 人（对、队）比赛，1 个轮空在上半区。更多的人（对、队）数，以此类推。

2.3　抽签办法

2.3.1　种子数

64 或多于 64 个（对、队）选手参赛，最多设 16 个种子。

32 至 63 个（对、队）选手参赛，最多设 8 个种子。

16 至 31 个（对、队）选手参赛，最多设 4 个种子。

少于 16 个（对、队）选手参赛，设 2 个种子。

2.3.2　种子的抽签

2.3.2.1　如种子的位置淘汰表所示，上半区的在各区（如各 1/8 区或 1/16 区）的顶部，下半区的在各区的底部。

2.3.2.2　排名前 2 的两个种子应按如下规定进位。

2.3.2.2.1　1 号种子进入淘汰表的顶部。

2.3.2.2.2　2 号种子进入淘汰表的底部。

2.3.2.2.3　3 号和 4 号种子抽签分别进入余下的两个 1/4 区。

2.3.2.2.4　5 号至 8 号种子抽签分别进入余下的 1/8 区。

2.3.2.2.5　9 号至 16 号种子抽签分别进入余下的 1/16 区。

2.3.2.2.6　同队种子的抽签同时必须符合 2.3.3 的要求。

2.3.3　同队运动员的抽签

同属一个队的运动员，应按均匀分布的原则，用以下办法依次抽进 1/2、1/4、1/8……：

2.3.3.1　第一、二号选手，分别进入不同的 1/2 区。

2.3.3.2　第三、四号选手，分别进入余下的 1/4 区。

2.3.3.3　第五至八号选手，分别进入余下的 1/8 区。

2.3.3.4　同一队第九号以后的选手进入剩下的任意 1/16 区。

2.3.4　应根据种子顺序调整协会报名的技术顺序，并根据调整后的技术顺序进行抽签。任何级别的比赛都要遵照这些规定执行。

以 17 人（对、队）参加比赛为例：

比赛中第一轮上半区轮空位置为 2、4、6、8、10、12、14、16 号，下半区轮空位置应为 19、21、23、25、27、29、31 号。第一、二号种子分别定位在 1 号、32 号位，第三、四号种子用抽签分别进入 9 号和 24 号位。

以 33 人（对、队）参加比赛为例：第一、二号种子分别定位在 1 号、64 号位。第三、四号种子用抽签分别进入 17 号和 48 号位。第五、六、七、八号种子用抽签分别进入 9 号、25 号、40 号、56 号位。

2.4　附加赛

单淘汰赛只能产生第一、二名，如果比赛需要排出第一、二名以后的若干名次，需要另外再增加几场比赛，增加的这几场比赛称为附加赛。附加赛的比赛如下图中的“虚线”部分所示。

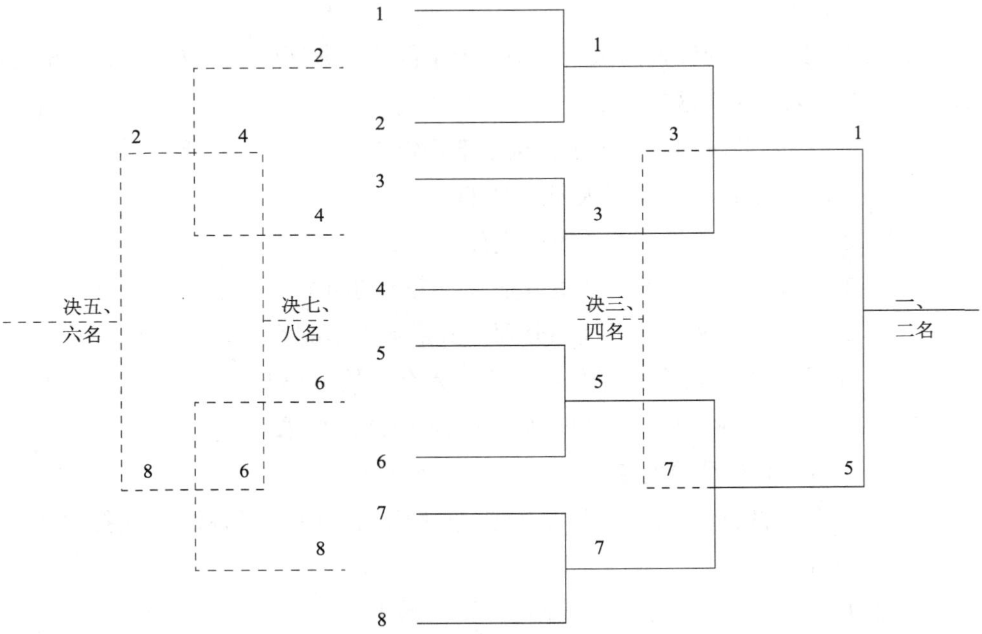

2.5　预赛

遇一个单项的参赛运动员超过正赛规定人（对、队）数时，建议竞赛组织者在竞赛委员会或裁判长的监督下进行预赛。

2.5.1　未直接参加正赛的运动员，将参加竞赛组织者安排的旨在进入正赛规定位置的预赛。

2.5.2　建议在正式比赛的抽签位置中，每 8 个位置最多只能安排一个预赛出线的运动员。

2.5.3　在正赛中为预赛出线选手预留的位置应抽签确定，正赛抽签应于预赛开始前进行并公布。

2.5.4　排名及技术水平作为直接进入正赛的依据。

2.5.5　在依据排名和调整排名以及参数排名，将参赛运动员抽签进入正赛淘汰表后，淘汰表仍有空位，需要无排名或调整排名和参数排名的运动员递补时，则按以下步骤进行填补：先抽单位，然后取该单位排名最高的运动员填补。

2.5.6　预赛也应进行种子确定和抽签。

2.5.7　有预赛的比赛，应事先排出递补正赛运动员的顺序。凡正式比赛中有运动员不能参加比赛时，即可依次递补。

2.5.8 预赛开始前如正赛中出现一个空位，应从参加预赛且排名列前的选手（对、队）递补进入这一位置。如果有一个以上空位则将递补选手抽签进位。

2.5.9 预赛开始后如有运动员（对、队）从正赛退出，可挑选在预赛中未输过的选手递补。必要时可停止一场正在进行的比赛。

2.5.10 抽签开始前提出的退赛应在准备抽签时予以考虑，并因此修改正赛和预赛抽签名单以及所有的递补名单。

2.5.11 从抽签直至领队会议前期间所提出的退赛应在领队会上根据2.5.8的规定处理。竞赛组织者应通知下一获得进入正赛或预赛抽签资格的运动员。

2.5.12 领队会后提出的退赛，由裁判长在退赛出现时处理（2.5.10所述）。

2.5.13 当空位按2.5.8的规定递补时，可不考虑同队队员分开的规定。

三、确定“种子”的原则

1）“种子”是根据排名和技术水平确定的，应是本项目当时最好的选手。技术水平主要看运动员在各级比赛中所取得的成绩，如世界锦标赛、洲比赛或大型国际比赛的成绩，以及全国比赛的成绩和其他比赛的成绩等。考虑比赛成绩时，要以最近的比赛和所参加的高级大型比赛的成绩为主，远的服从近的，低的服从高的。在双打比赛中确定“种子”时，除依据上述原则外，还可参考单打比赛或其中一人的双打成绩。举办比赛的有关委员会可对确定“种子”的原则做补充规定。

2）世界羽联对运动员排名和“种子”确定另有规定。

3）中国羽协对运动员排名和“种子“确定另有规定。

四、报名顺序

参赛单位应根据排名和技术水平排列运动员的报名顺序。必要时，竞委会有权调整报名顺序。

五、抽签变更和运动员替补

1. 竞委会或裁判长，不应允许对所公布的各项抽签结果进行更改。以下情况除外：

1.1 在控制报名时或抽签时出错，且该项目比赛未开始。

1.2 一名运动员在其第一场比赛开始前因生病、受伤或不可预见的原因不能参赛。

1.3 替补运动员（对）应是非种子或种子批次不高于被替换运动员（对）。种子批次分别为 1 号和 2 号、3 号和 4 号、5 号至 8 号和 9 号至 16 号。

2. 按 1.1 至 1.3 替补，单打只允许由来自同单位的运动员替补，原运动员不得再参加该赛事的任何项目比赛。

3. 按 1.1 至 1.3 替补，双打只允许：

3.1 双打剩下的一名运动员可以与任何单位的运动员配对，但不能影响其他双打配对。

3.2 来自一个单位的双打可以由同单位的新配对替补。

3.3 如果因受 1.2 影响，两对配对双方各只剩下一名运动员，则剩下的两名运动员可搭配成一对。如原配对抽签位置是轮空，则替补的新配对应该进入该为止，否则应用抽签定位。

4. 1 至 3 所规定的替补应优先于 5 和 6 规定的位置调换来考虑。

5. 一名（对）运动员如果输了一场比赛则没有资格再参加该赛事中该项目的比赛。

6. 在循环赛中裁判长可允许因伤病或其他无法避免的原因不能比赛的运动员被替补，但替补必须在该名（对）运动员第一场比赛开始前。一旦比赛开始，则不能替补。

7. 运动员在一场比赛中的弃权不应视为退赛。在一个赛事中，对有运动员“未出场比赛”的某场比赛，应按退赛处理，但对“未出场比赛”的处罚要高于退赛，且将在已有的退赛处罚之上追加处罚。

8. 如果抽签后由于运动员退赛，出现正赛抽签结果严重不平衡的特殊情况，而该项目又无预赛且该正赛比赛还未开始，则裁判长可以对其重新抽签。

9. 预赛开始前出现预赛抽签不平衡，裁判长有权对其进行重新抽签。

六、竞赛日程安排

1. 竞赛日程安排通常有两种形式：

1.1 分节

将比赛安排在上午、下午和晚上进行。在条件许可时，每天的比赛最好安排两节，即在上午和晚上进行。

1.2 不分节

只设定每天比赛的开始时间，比赛按场序连续进行，直至当日比赛全部结束。

竞赛日程安排，在确保运动员合理负担量的前提下，应尽量提高场地的利用率，缩短比赛天数。每个项目的轮数多于天数时，最初几天多安排轮次。

2. 若比赛既有团体赛，又有单项赛，则团体赛应在单项比赛开始之前结束。

3. 在条件许可的情况下，比赛日程中应安排一天休息。最好安排在团体赛和单项赛之间，或安排在第一阶段比赛和第二阶段比赛之间。

4. 在单项比赛中，每名运动员一天内不应安排超过 6 场比赛，而且同一项目的比赛不应超过 3 场；在一节比赛中，不应安排超过 3 场，同一个项目的比赛不应超过 2 场。

5. 在团体赛中，每个队一天内不应安排超过 2 次五场制的团体赛；一节中不应安排超过 1 次五场制的团体赛。

6. 若遇特殊情况，经竞赛主办单位同意，可不受此限制。

7. 在世界羽联批准的比赛中，不论世界羽联有无任命代表到场，都不允许要求运动员在其上一场比赛结束后 30 分钟内开始另一场比赛。当比赛在天气比较热、湿度比较高的条件下进行时，可以允许适当延长间歇时间。

七、场地规定

1. 世界羽联主要赛事

1.1 奥运会羽毛球赛、世界锦标赛、世界青年单项锦标赛（Eye Level 杯）、世界羽毛球元老锦标赛、苏迪曼杯、汤姆斯杯和尤伯杯决赛阶段的比赛，以及世界青年团体锦标赛（苏翰迪纳塔杯），整个比赛场地净空的最低高度至少 12 米（39 英尺）。

1.2 在比赛区域上空的这一高度内，不应有横梁或其他障碍物。

2. 世界羽联其他赛事和其他国际比赛

2.1　对于所有其他国际比赛，这一高度最好是 12 米（39 英尺），但最低不得少于 9 米（30 英尺）。

2.2　在比赛区域上空的这一高度内，不应有横梁或其他障碍物。

3. 地板

3.1　场地必须是木质弹性地板，或类似的表层，上铺经批准的防滑地胶。如需要，世界羽联有权批准任何木质弹性地板的类似表层。

3.2　建议场地四周至少应有 2 米（6.5 英尺）空地，相邻两个场地必须至少间隔 2 米。

4. 背景和灯光

4.1　为了避免对羽毛球视觉上的影响，场地端线背景不得使用白色，最好使用深色。

4.2　场地上空灯光照度至少要达到 1000 勒克司（电视拍摄按其要求。静态摄影的最佳照度为 1800 ～ 2000 勒克司）。

4.3　灯光不能直接置于比赛场地上方或后方，而应沿场地两边安置。

4.4　比赛区域四周不得有自然光源。

八、比赛用球

1. 由竞赛组织者确定一个牌号的比赛用球。

2. 竞赛组织者根据赛事举办地的条件确定一种速度的比赛用球，并各准备一种速度较快和速度较慢的比赛用球。

3. 每节比赛使用哪一种速度的球，由裁判长在每节比赛开始前决定。运动员不得选择球的速度。

九、裁判椅

1. 裁判椅应稳固、安全，便于裁判员上下。

2. 裁判椅应附有折页写字板，便于裁判员放记分表。

3. 座椅应居中放置在网的延长线上距网柱 1 米处。

4. 椅面高度应与网高相同，即 1.55 米，并且其制作尺寸及材料应舒适。

十、比赛用表

1. 羽毛球团体赛出场名单表

（　　）子团体赛出场名单表

组别________日期________时间________场号________

______队，服装颜色：（　　）　对______队，服装颜色：（　　）

顺序	项目	运动员姓名
1		
2		
3		
4		
5		

队名______________　教练员签名

2. 混合团体赛出场名单表

混合团体赛出场名单表

组别________日期________时间________场号________

______队，服装颜色：（　　）　对______队，服装颜色：（　　）

顺序	项目	运动员姓名
1		
2		
3		
4		
5		

队名______________　教练员签名

3. 羽毛球团体赛记分表

（　　）团体赛记分表

______________队

对

______________队

阶段	组别（位置号）	日期	时间	场号

单位 姓名 项目		队	队	每局比分			每场结果	裁判员签名
				1	2	3		
1								
2								
3								
4								
5								

比赛结果________获胜队________教练员签名

4. 羽毛球比赛计分表

羽毛球比赛计分表

项　目：______　比分　场地号：______
比赛号：______　裁判员：______
日　期：______　发球裁判员：______
时　间：______　比赛用时：______
用球数：______

甲方1																																														
甲方2																																														
乙方1																																														
乙方2																																														
甲方1																																														
甲方2																																														
乙方1																																														
乙方2																																														
甲方1																																														
甲方2																																														
乙方1																																														
乙方2																																														
甲方1																																														
甲方2																																														
乙方1																																														
乙方2																																														
甲方1																																														
甲方2																																														
乙方1																																														
乙方2																																														

裁判员：__________　裁判长：__________